知识生产的原创基地

BASE FOR ORIGINAL CREATIVE CONTENT

颉腾商业

JIE TENG BUSINESS

REINVENTION

THE WAYS TO DEAL WITH
BRAND CRISIS

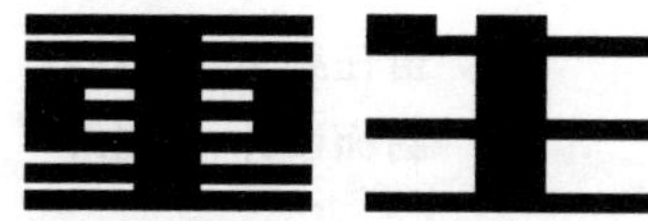

品牌危机的应对之道

张红霞　张 璇◎著

SPM 南方传媒 | 广东经济出版社

·广州·

图书在版编目（CIP）数据

重生：品牌危机的应对之道 / 张红霞，张璇著．—广州：广东经济出版社，2023.2

ISBN 978-7-5454-8568-4

Ⅰ．①重… Ⅱ．①张… ②张… Ⅲ．①品牌—企业管理 Ⅳ．① F273.2

中国版本图书馆 CIP 数据核字 (2022) 第 212141 号

策　　划	颉腾文化	责任编辑	李孜孜
责任校对	赵小丽	封面设计	Colin

出 版 人　李鹏
出版发行　广东经济出版社（广州市环市东路水荫路 11 号 11 ～ 12 楼）
经　　销　全国新华书店
印　　刷　文畅阁印刷有限公司
开　　本　880 毫米 ×1230 毫米　1/32
印　　张　9.125
字　　数　169 千字
版　　次　2023 年 2 月第 1 版
印　　次　2023 年 2 月第 1 次
书　　号　ISBN 978-7-5454-8568-4
定　　价　69.00 元

图书营销中心地址：广州市环市东路水荫路 11 号 11 楼
电话 :(020) 87393830 邮政编码 :510075
如发现印装质量问题，影响阅读，请与本社联系
广东经济出版社常年法律顾问：胡志海律师

序

从20世纪90年代开始，我和我的团队都在从事与品牌相关的学术研究，从品牌代言人、品牌文化到品牌传播，我们深入细致地探讨了品牌价值及其所产生的积极影响，并形成了一套较为完整和系统的研究成果。直到2008年，那场席卷全国的乳制品“三聚氰胺”事件[①]，使我们的研究视角与研究内容发生了重大变化。在那场波及全国的行业危机事件刚刚被媒体曝光，开始引起人们关注时，我接到了当时在新西兰奥塔哥大学做研究员的高宏志先生的电话，他问起我对该事件的一些看法，并表示因新西兰的恒天然公司与这场“三聚氰胺”事件中的始作俑者是合资关系，因此他非常有兴趣对这一事件展开研究。在长达两个半小时的深谈后，我俩当即决定组成一个研究团队，开始对事件的起因、根源进

---

① 人民网－观点频道．人民时评：面对三聚氰胺，无知本身就是罪过．央视网[EB/OL].（2008-09-20）. http://news.cctv.com/china/20080920/100028.shtml.

行挖掘与探讨。很快，我们从各自的研究积累与共同的研究兴趣出发，设计了一份长达数页的调查问卷，宏志也专程从新西兰飞来北京，与我一起带着团队开始了在北京、上海、长春、深圳等各地的调查研究。从最初的大规模问卷调查，到与主要公司的品牌经理进行深入访谈，以及与相关的奶牛养殖公司的高层会见并进行深访，再到针对消费者的实证研究，我们开启了对“品牌危机”全面、深入、细致的研究。随着时间的推移，我们的研究也从最初的探讨性研究，逐渐转变为实证性研究，从对企业的研究转变为对目标消费者的研究，从对品牌危机的根源、特点的分析，转变为对品牌在危机中的应对策略的探讨，并逐渐进入对危机中企业、行业协会、政府各自扮演的角色对危机进程的影响，以及深受其害的消费者对品牌伤害的反应与信心重建等问题的探讨。不知不觉间，我们已在这一领域深耕了近 13 年。

回想当年，作为普通消费者的我们面对“三聚氰胺”事件也曾非常愤怒，但愤怒之余，作为学者，受社会责任感的驱使，我们更希望能客观地面对品牌危机中的企业与消费者，了解他们的态度与反应，探寻一条帮助企业和行业走出困境，重塑消费者对品牌信任的道路。坦率地说，由于长期关注各种各样的负面新闻，团队中的每个人都或多或少地经历过低落、难过、沮丧甚至是痛苦的时期，但我们始终相互鼓励并坚信，这些研究无论对消费者、对企业还是对监管者而言都是有意义的，我们所有的付出都是值得的。

互联网时代下，有关品牌的负面信息或品牌信任危机时有发生，信息量巨大与信息传播快速的特点更加重了品牌危机管理的复杂性与难度，这使得品牌危机成为企业在艰难发展中必须时刻面对的挑战。正因如此，我们萌发了将这十几年来的沉淀、思考和研究进展整理成书，系统地梳理我们对品牌危机的理解并将相关成果分享给大家的想法。虽然书中融入了很多学术研究内容，但我们试图以生动通俗、简洁明快的语言和方式将这些深奥（也可能有些枯燥）的理论内容传递给读者。我们希望这本书能有多重功能，既可以作为一本工具书，供读者查阅相关理论和文献；又可以作为品牌管理、品牌危机管理等相关课程的参考阅读书目，成为教材的补充读本；还可以作为生动有趣的日常读物，为大众提供一个理性“消遣”的选择。

在此，我要特别感谢国家自然科学基金项目（71472008、71172031）的支持，以及长期以来参与我们这项研究的团队成员们，他们中有我的长期合作者新西兰奥塔哥大学的J.G.Knight教授，新西兰惠灵顿维多利亚大学的高宏志先生，澳大利亚墨尔本大学的雷静女士，澳大利亚麦考瑞大学的陈世骄，北京大学博士研究生王雪芳、硕士研究生刘真、博士后王萍萍以及那些曾协助我们调研的企业朋友和给予我们帮助的学生们。

当然，我还要感谢我曾经的博士生，现中国石油大学（北京）经济管理学院副教授张璇女士，她的加盟使得我们能在短时间内反复推敲、细致打磨，倾力奉献一部既有深度和内涵，又具前瞻性的精品佳作。

此外，我还要特别感谢颉腾文化传媒有限公司的周中华董事长和欧俊先生，他们对市场敏锐的洞察力和独到的眼光，以及对我出版本书意图的鼓励与肯定，让我有信心在较短的时间内达成这一心愿。

最后，我还要由衷地感谢我的家人陈兴动先生，是他一直以来的理解、包容与支持，让我能够心无旁骛地做自己喜欢的事情，也是他的睿智、犀利与开阔的眼界，让我的观点在不断地交流与碰撞中逐步得到升华。

衷心希望本书能在为读者带来轻松阅读体验的同时，给他们提供有益的启发，引起他们深入的思考。

张红霞

2021年11月26日于燕园

目　　录

第一章　品牌的意义　1

品牌的前世今生　3
从“品牌膜拜”到“价值共创”　15
数字时代，品牌的“新使命”　20
本章小结　28
品牌的自我诊断　29

第二章　品牌“危机”及其“病毒效应”　31

危机及危机的特征　36
品牌危机对企业意味着什么？　43
品牌危机对消费者意味着什么？　48
品牌危机的“病毒效应”　53
本章小结　61
品牌的自我诊断　62

第三章　品牌危机是“飞来横祸”还是“自取其祸”？ 63

飞来横祸 67

自取其祸 70

品牌危机的根源究竟如何？ 76

谨慎自律，向光前行 83

本章小结 87

品牌的自我诊断 88

第四章　危机的“跌宕起伏” 89

潜伏期的“暗流涌动” 92

爆发期的“多方博弈” 99

蔓延期的“奋起自救” 106

解决期的“尘埃落定” 111

本章小结 114

品牌的自我诊断 115

第五章　毁灭还是重生？危机企业的“绝地反击” 117

幡然醒悟 119

诚恳致歉 126

修炼品牌 128

完善制度 130

重塑形象 133

寻求外援 141

行业监管 143
配合政府 146
迎接监督 148
本章小结 151
品牌的自我诊断 152

第六章　消费者在危机中的“反应”与“自救” 153

真相如何？ 155
焦虑与不满 159
容忍还是拒绝？ 163
遗忘还是唤起？ 167
品牌信任重建的“阶梯式沟通模型” 170
本章小结 180
品牌的自我诊断 181

第七章　品牌危机如何结束——“噩梦初醒” 183

救命的“时间窗口”回溯 186
“时间窗口”效用复盘 192
危机结束“标志”认定 197
惊魂未定的思考 205
噩梦初醒，警钟长鸣 208
本章小结 210
品牌的自我诊断 211

第八章　谁是让危机品牌真正脱困的“救世主”？ 213

政府机构“一纸令下”的威慑力有多大？ 215

“替罪羊”效应能否解众困？ 219

行业协会的权威性有说服力吗？ 226

借助媒体发声有益还是有害？ 231

企业才是自己真正的“救世主” 234

本章小结 241

品牌的自我诊断 242

第九章　大数据时代下企业的危机管理——“浴火重生” 243

大数据时代下品牌危机传播的特点 245

大数据时代下品牌危机中企业的抉择 257

利用互联网大数据预防危机 261

利用互联网大数据应对危机 264

大数据时代下企业的绝地反击 275

本章小结 278

品牌的自救指南 279

后记 280

第一章

品牌的意义

每个父母都想为即将出生的孩子起个好听的名字，他们绞尽脑汁地苦思冥想，翻字典、查百度，集思广益以获得令人心动的灵感。同样地，企业为了给自己的产品起个既好听易懂，又能叫得响、传得广的名字，往往也会让内部人士反复推敲，或者花重金请专家提方案、细比较，最终定下一个令人满意的名字。然而，这个令人“费心、着迷”的过程，究竟是“神秘莫测”还是“简单偶然”，其中的门道值得我们花点时间探寻一番。

品牌的前世今生

当初，在商品经济非常不发达的游牧地区生活的人们为了交换商品，往往要在自己的牲畜上打上一种独特的“烙印”，以便识别它们的拥有者，这种“烙印”或“标记”就是现在为人们所熟知的“品牌”。英文“BRAND”（品牌）一词，也有“烙印”的意思。从我国出土的南北朝陶器上也可以看到商业性署名的标志；曹操的《短歌行》中那句脍炙人口的“何以解忧，惟有杜康”，也成了白酒“杜康”最早的名人代言。由此可见，品牌是伴随着商品交换的出现而出现的。

那什么是品牌？

品牌可以是单一的名称。如李宁（运动鞋）、奔驰（汽车）。当然，在这些单一的名称里，有很多富有寓意且能暗示某种产品或服务特色的名字，这些名字既容易记忆，又能令人产生积极的联想。①② 例如，可口可乐（碳酸饮料）、平安（保险）、立白（洗衣粉）、劲霸（男装）、味多美（糕点）、良品铺子（零食）、宜家（家居）、淘宝（购物网站）、拼多多（购物网站）……这些暗示性品牌名称浓缩了某种产品或服务的特色，简洁、准确地表达了产品或服务的性能和功用，有明显的暗示效果，寓意美好，联想丰富。

品牌也可以是一个好听的名称、有设计感的图案、醒目有特色的颜色组合。例如，红牛（功能性饮料），金黄色的"罐体"，印着两头鲜红的充满活力的"劲牛"，再配上刚劲有力的、中英文黑色字体的"红牛"二字，令人为之振奋。顾客还未品尝，便已感到充满活力了。同样地，可口可乐（碳酸饮料），那清爽的红白色斯宾塞字体和流畅飘逸的曲线

① 孙瑾，张红霞. 品牌名称暗示性对消费者决策选择的影响：认知需要和专业化水平的调节作用［J］. 心理学报，2012，44（5）：698-710.

② 孙瑾，张红霞. 服务品牌名字的暗示性对消费者决策的影响——基于服务业的新视角［J］. 管理科学，2011，24（5）：56-69.

飘带，加上那轻松易握的瓶体，不仅能给人带来清凉劲爽的口感，还能给人以身心愉悦的舒适感。

品牌还必须是以精心设计的独特形象示人的。这种独特的形象，可以是刚强有威严的，也可以是温暖有亲和力的。例如，进口汽车“宾利”的车标，运用了简洁顺滑的线条，勾勒形成一对飞翔的翅膀，恰似雄鹰展翅飞翔，展现出一种帝王般的尊贵气质。2020 年推出的“宾利慕尚”旗舰车型，更是以黑色车身为主题，营造出威严又炫酷的视觉效果，这款车一如既往地沿袭了非凡精美的匠心工艺，其明快凌厉的车身线条，使其一面市就备受瞩目。再如，“哔哩哔哩”（bilibili）是当下中国年轻一代高度聚集的文化社区和视频平台。该网站于 2009 年 6 月 26 日创建，早期是以 ACG（动画、漫画、游戏）内容创作与分享为主的视频网站，被网民们亲切地称为“B 站”。这里有最及时的动漫新番、最棒的 ACG 氛围、最有创意的 UP 主，大家可以在这里找到亲切感和归属感。据传，“哔哩哔哩”的名字来源于热门动漫《某科学的超电磁炮》，女主人公御坂美琴的能力是用硬币打出电气技能“超电磁炮”，在与拥有将一切力量化为乌有能力的男主对战时，其所发出的电流声音被调侃为“bilibili”，此后，男主给御坂美琴起了个绰号叫“bilibili”。为了向《某科学的超电磁炮》致敬，网站以“bilibili”命名。显然，“bilibili”这个名字对网民来说是有温度、有亲切感的。那个以淡淡的蓝色（概念版）和粉色（普通版）为底色的屏幕上面，浮现着具有跳动感和漫画感的英文字母——bilibili；中文“哔哩哔哩”这个网站名称，虽然字体看似很普通，但其发音令人有“一吐为快”之感，寓意这里是内容主创者们可以“自由发声、畅所欲言”的地方，而这里无疑也成为年轻人的聚集地。2020年，“B站”弹幕“武汉加油”“有内味了”“双厨狂喜”“禁止套娃”“爷青回”，更是成为该视频网站的年度弹幕TOP5。

温暖感被认为是一种积极、温和的情绪，与适度的生理唤起有关，可使人直接或间接感受到爱情、亲情或友情。研究表明，感官感知的温暖感和冷峻威严感都可影响人们的心理感受，从而影响人们的人际判断和亲（反）社会行为。例如，温暖的品牌标志设计会让消费者对品牌有更强的亲近感，相反，冷峻威严的品牌标志设计可能会让消费者对品牌产生某种复杂的心理，即既产生“心理距离感”，又产生“渴望拥有”的心理感受。

如今，当人们被问起品牌时，都会不约而同地提到与品牌相关的一些线索，如“任正非，华为创始人”“李宁，体操王子、中国的李宁”“拼多多，拼得多，便宜多”“同仁堂，百年老字号”“哔哩哔哩，多元化的年轻人娱乐加油站”“小红书，年轻人生活记录与分享平台”“奔驰，惬意人生”“泡泡玛特，MOLLY 的一天”……

品牌由两部分组成：一是品牌名称，即可以用语言来表达和称呼的部分，如移动、联通、微信、支付宝、京东、淘宝等脍炙人口的品牌；二是品牌标志，这部分指的是不能用语言表达的部分（符号、图案、基准色和标准字体等），如人们熟悉的“红罐凉茶，王老吉”“快递黑马，顺丰速运”“蓝色经典，洋河大曲”“大白兔，奶糖”“小公仔，盲盒”。

当今的品牌都是被“美颜”和“设计”的品牌，它已不仅是一种简单的“标记”，更是超越了其最初的名称、标记或符号的范畴，是诸如产品特征、品质，人物个性、生活方式，文化等众多具有丰富想象力的内容与联想的集合。

美国营销学者菲利普·科特勒（Philip Kotler）（2015）曾定义：品牌不仅是一个名称或者一个象征，它还是企业与顾客关系中的一个关键要素。[①] 品牌表达了消费者对某种产品及其性能的认知和感受——该产品或服务在消费者心中的意义。归根结底，品牌存在于消费者的头脑中。强势品牌具有较高的品牌权益，而品牌权益具有差异化的效应，这使得

---

① 菲利普·科特勒. 市场营销：原理与实践［M］. 16 版. 北京：中国人民大学出版社，2015：247.

品牌名称会影响到消费者对产品及其营销的反应。

品牌与消费者的关系："路人""朋友""恋人""爱人"

通常，人们都会将消费者和品牌看成是商品交换中的双方，即买方和卖方。在商品经济发展的初期，市场经济更多地表现为"供不应求"的局面，消费者只能在有限的商品与品牌中进行选择，这必然导致以企业为导向的思维占据上风。每当提起品牌与消费者的关系时，人们自然会说那就是一种"商品交换关系"，一个愿卖，一个愿买，说白了，就是简单的"买卖关系"。的确，按照市场交换原则，企业根据自身能力向市场提供产品，消费者根据自己的需要进行选择和购买，最终实现"一手交钱，一手交货"。

然而，随着商品经济的飞速发展，市场经济越来越多地表现为"供过于求"的局面，消费者可以在众多的商品与品牌中进行比较并有选择性地购买。逐渐地，以消费者为导向的思维开始主导企业行为。这时，品牌与消费者之间的关系开始发生微妙的变化，企业越来越意识到，消费者是企业的"衣食父母"，企业需要尊重消费者的需求与意愿。在了解消费者的需求和意愿的前提下，企业需要最大限度地提供满足消费者需要的产品。此时，消费者也会最大限度地行使手中的选择权，在众多的产品和品牌中“百里挑一”，尽可能“选择无憾”。当年，海尔总经理张瑞敏抡起大锤将不合格的冰箱砸烂的那段佳话，被认为是企业“视质量为生命”的真实写照，正因如此，那段佳话展现出了海尔“真诚到永远”的核心价值观，奠定了其在白色家电市场上的领先地位。

美国学者罗伯特·斯坦伯格（Robert J. Sternberg）曾运用爱情分类方法将消费者与品牌的关系[①②]概括为八种不同的关系，即不喜欢、喜欢、迷恋、功能主义、未能实现的欲望、功利主义、屈服的欲望和忠诚。该学者认为，“不喜欢或喜欢”是一种直接而明确的“拒绝或接受”的表达；“迷恋”是指消费者尽管不是强烈地喜欢，但因为周围的人都如此喜欢，所以就对这个品牌产生了强烈的渴望和痴迷，如购买与明星同款的产品、攒钱购买各种盲盒、沉浸在某款网络游戏中；“功能主义”则指一个消费者在对品牌没有任何强烈的感情联系或者渴望时也会购买该品牌的产品，如购买潜水艇防臭地漏；“未能实现的欲望”则是指，消费者虽然喜欢并渴望拥有该品牌的产品，但由于某些特定的约束条件

①Sternberg R J. A triangular theory of love [J]. Psychological review, 1986 (93): 119-135.

②Shimp T A, Madden T J. Consumer-object relations : a conceptual framework based analogously on Stemberg's triangular theory of love [J]. Advances in Consumer Research, 1988 (15): 163-168.

限制了他的购买行为，如价格高昂的某款手机或豪车；“功利主义”则是出于某种需要而购买，但对该品牌并没有强烈的感情，如购买某品牌的轿车，购买的原因除了其性能可靠外，更可能是彰显地位与社交需要；“屈服的欲望”是指消费者由于环境的压力或者基于渴望购买该品牌产品，但并不代表消费者真正喜欢该品牌，如因为没有自己心仪品牌的可乐，只好购买了同类的其他品牌的可乐；“忠诚”则是指消费者感到与该品牌之间有亲密的关系，并有强烈的意愿去购买或者重复购买该品牌的产品，并会忠实支持这个品牌，如持续购买某品牌的系列产品。[①②]由此可见，这八种关系是逐渐递进的，其中涉及情感（喜欢还是不喜欢）这个核心要素，如果其中没有情感，尽管消费者产生了某种购买行为也可能是不情愿的。但如果既喜欢又需要，还有强烈的反复购买的意愿，那就不是普通的消费者，而是该品牌的铁杆粉丝了。

为了更加形象、生动地描绘品牌与消费者之间的关系，在此，我们将品牌与消费者的关系比喻为：“路人”“朋友”“恋人”“爱人”这四种关系，试图让品牌管理者可以

①Shimp T A，Madden T J. Consumer-object relations：a conceptual framework based analogously on Sternberg's triangular theory of love [J]. Advances in consumer research，1988 (15)：163-168.

② 庞隽，郭贤达，彭泗清. 广告策略对消费者 - 品牌关系的影响：一项基于消费者品牌喜爱度的研究 [J]. 营销科学学报，2007，3 (3)：59-73.

从中找到最为合适、舒服的品牌与消费者的关系，详见图 1-1。

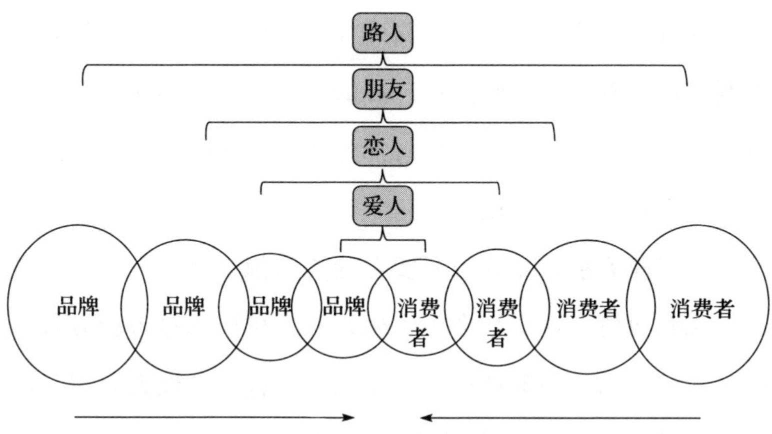

图 1-1　品牌与消费者关系示意图

第一种关系，品牌与消费者的关系如“路人”一般，既可熟视无睹也可偶尔围观。在这种关系中，路人（消费者）对所看到、听到的商品或品牌没有感觉，自然地，他也不会主动购买。当然，也不排除他会碰到被迫购买的情况（如环境压力或没有其他心仪的品牌可供选择的情况）。

第二种关系，品牌与消费者的关系像“朋友”一样，既真诚又无私。在这种关系中，你（品牌）在意他（消费者），愿意为他提供所需的产品和服务，愿意为了他的需要改进产品质量，提供贴心周到的服务；他喜欢你所做的一切，愿意为你付出（成为你的用户），愿意在你受到流言蜚语时，为你辩护或正言。当然，如果他发现你的产品、服务、物流等有不如意的地方，也会积极主动地做出反应，希望获得你的回复并看到你改正。企业社交媒体的发展，使得越来越多的消费者可以参与和体验企业产品的设计、内容制作、免费推荐等线上和线下活动，这些对加深两者之间的了解与友谊都起到了重要的推动作用。

第三种关系，品牌与消费者的关系像“恋人”一样，既浪漫又有激情。现实社会中，恋爱双方可以通过各种方式结识，也许是因“一见钟情”而相识，也许是“经人介绍”而相遇。总之，无论是哪种方式的相遇、相识和相知，随之而来的相思和相念，都表明一点——你们“相恋”了。消费者与品牌的“相恋”最鲜明的表现之一就是，他（消费者）愿意为所喜欢的品牌“买买买”，而不在乎这些购买行为是否“必需”与“合理”。当下，一些疯狂喜欢各种“棉花娃娃”盲盒的年轻女性，她们像着了迷似的不停地购买和收藏心仪的盲盒，不惜排夜队、秒杀抢购，这种“攒公仔（公主），养棉娃”的行为，不仅仅是因为“那个公仔（公主）可爱”“养娃有趣和有意义”，更有“开启盲盒那一刻的不安与惊喜”“养娃带来的责任心和参与感”。当然，这种对品牌近乎迷恋的行为，需要品牌的持续创新来维持，否则，这种迷恋的热度很快就会削减。

最后一种关系，消费者与品牌的关系像“爱人”一样，坦诚相待，荣辱与共。现实中，凡是能最终步入婚姻殿堂的“新人”，一定是在相互喜欢的基础上，建立了相互的信任，彼此做出了承诺，愿意携手共度余生的“相爱之人”，无论这种相爱的过程是“先相爱后相知”，还是“先相识后相爱”，再或者是“先相知后相爱”，都意味着双方愿意为未来的家庭生活付出与承担责任。在这种关系中，消费者对品牌似乎有一种坚贞不渝的忠诚感，这种忠诚不仅表现为对品牌本身的认可，还表现为对品牌理念、品牌价值的欣赏与接受。例如，花旗集团于 2019 年 7 月 16 日公布的报告显示，84% 受访的中国消费者在购买智能手机时，会考虑国产品牌，更有高达 80% 的受访者表示他们会购买华为手机。究其原因，不仅是 5G 技术的引领、“性价比”的诱惑，可能还有国人对任正非的个人经历、企业家精神、价值观的欣赏与认可，以及人们内心深处的爱国情结。

常言道，萝卜白菜，各有所爱，和品牌处于不同关系中的消费者对品牌的看法自然会有所不同。正如前文所述，作为“路人”，会视品牌如“陌生人”，常会“事不关己，高高挂起”；作为“朋友”，又会视品牌如“手足”，常会感到

“海内存知己，天涯若比邻”；作为“恋人”，则会视品牌如“甜蜜宝贝”，常会发出“在天愿作比翼鸟，在地愿为连理枝”的感叹；作为“爱人”，则又会视品牌如“至爱亲人”，常有“执子之手，与子偕老”的宏愿。

每个企业都期望自己的品牌与消费者建立的是亲密的“朋友”“恋人”或“爱人”关系，而非“路人”关系，那么，如何才能实现这一愿望和期许呢？显然，这是个共同努力而非一厢情愿的过程。

从“品牌膜拜”到“价值共创”

熟悉美国文化的人可能都听说过“哈雷·戴维森”这个品牌，一个世纪以来，哈雷摩托可以说是美国自由大道、原始动力和美好时光的代名词。这是一个能让忠实于它的消费者将品牌的LOGO“文在自己身上”的有魔力的品牌，也是众多国际政要、社会名流、医生、工程师们心仪的品牌，它既是美国梦的象征，又是美国文化的精华所在。

哈雷·戴维森公司有着近百年的传奇。第二次世界大战中，哈雷·戴维森公司搭上了军火工业的快车，为盟国生产军用摩托车。战争结束后，哈雷摩托车曾一度被贴上“无法无天的叛逆者”标签，并以其特有的纯金属外观设计、坚硬的质地、炫目的色彩、大排量和大油门所带来的轰鸣声响等特征，让战后迷茫的年轻人对该品牌的痴迷与膜拜近乎疯狂。他们通常身穿具有鲜明特色的皮衣，头戴防护盔，脚蹬高筒靴，骑着轰鸣作响的哈雷摩托在大街上飞驰；他们常会聚在哈雷俱乐部中，饮酒畅聊，交换心得，憧憬未来。显然，这是一群以该品牌元素为独特身份象征的人，也是有着共同理想和追求的人，更是有着价值认同和愿意分享价值的人。

然而，随着市场竞争的加剧与时代的发展，以往代表着“速度、激情、叛逆、炫酷”的品牌，渐渐开始远离早期的消费者，曾经个性张扬的那群人，似乎开始追不上哈雷炫酷的速度了。显然，如何让品牌继续传承个性张扬的品牌主张，引领时代风尚，是百年哈雷面临的新挑战。

随着微博、微信等社交媒体的兴起与迅猛发展，越来越多的企业渴望通过社交媒体获得消费者的青睐，取得较为持久的品牌“竞争力”。在过去的几年中，社交媒体上出现了许多令人难忘的微博、微信营销事件和活动。从早期的杜蕾斯避孕套“鞋套涉水事件”、雀巢咖啡的“活出敢性”、可口可乐的“昵称瓶”，到近期的“秋天的第一杯奶茶”、美团外卖的“萌萌哒的袋鼠耳朵”，所有这些事件与话题，都在微博和抖音上引起热议，引来众多网民围观。

尽管这些事件与活动的套路五花八门，但究其本质，我们仍能找到其核心的“DNA”，换言之，所有成功运作的社交媒体事件无不反映了品牌与消费者之间新的服务主导逻辑，这种逻辑就是“价值共创与共享”的逻辑。

只有将这种逻辑贯彻到品牌运营中，才能让品牌在短期内引起消费者的注意，达到推广产品和品牌的目的，实现品牌与消费者之间有意识的价值共创。

根据我们对一些消费者进行的深入访谈，以及对品牌在社交媒体上所发布内容的分析，我们将品牌与消费者价值共创的意图（亦称诉求）归纳为五种类型，即利、好、雅、特、悦，并设计了一个在社交媒体环境下，品牌价值共创与共享的理论模型，详见图 1-2。[①]

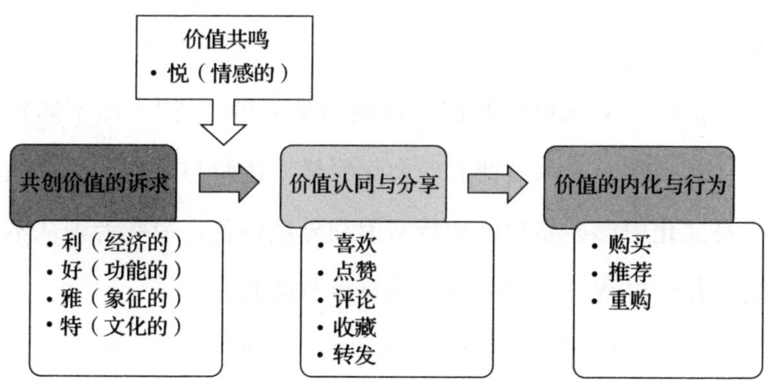

图 1-2　社交媒体环境下的价值共创与共享模型

① 张红霞，高宏志. 与消费者共创品牌价值——利用社交媒体实现品牌价值共享与内化［J］. 北大商业评论，2014，10（123）：60-67.

具体解释如下：

第一，经济价值共创，强调的是一种“利”，即双方都能从中获得某种经济利益。消费者能从中获得更加价廉物美的产品或服务，企业可以通过实现薄利多销来获得经济效益。

第二，功能价值共创，强调的是一种“好”，即企业能从产品功能或服务质量的共创中变得“好卖”“有竞争力”，消费者则从中获得“好用、好玩、好实在、好有面子”的价值。

第三，象征价值共创，强调的是一种“雅”，即企业与消费者双方对某种“美好产品或服务”的精神追求。企业可以从中体现品牌独特、高雅、大气的形象，消费者则得以彰显自身的高雅品位。

第四，文化价值共创，强调的是一种“特”，即不同特色文化带给企业和消费者的文化彰显、体验与乐趣。企业从自身文化中彰显品牌的独特基因和异域特色；消费者则从不同文化中寻找符合内心向往的符号与体验。

第五，情感价值共创，强调的是一种“悦”，即企业与消费者共同获得的心理愉悦感与情感共鸣。企业从中展示品牌带给消费者的热情与温暖，消费者则从中获得愉悦、关怀与体贴。

从模型中的五种价值共创意图出发，企业可以引发消费者对品牌价值的认同与分享。而这种消费者对品牌价值的认同与分享也需要企业通过品牌识别、品牌特征、品牌文化等来激发消费者对品牌的情感共鸣，使其更加喜欢该品牌，更多地点赞、转发、评论或收藏与之有关的宣传；再通过品牌的社交身份与消费者社交身份的融合，使消费者的身份得以彰显，令其最终将对品牌价值的认同内化为自己的实际行动，如购买、推荐和重购等，直到其与品牌成为利益共同体，达成长期利益共赢。

数字时代，品牌的“新使命”

数字商业时代下，什么将会成为消费者的“新宠儿”？为此，品牌将肩负什么样的新使命呢？显然，在消费者参与意愿越来越强烈，信息传递越来越迅速的互联网时代，品牌需要承担的新使命可以浓缩成以下三个关键词：

成为“社交货币”

在2021年中秋节来临之际，腾讯的一段“甘蔗做的月饼盒”的小视频引来了7847条评论，“喜欢这个盒子，希望以后能用到！”“超喜欢环保盒子！”“变废为宝，希望环保产品越来越多”“人生第一次收藏月饼盒”……

当下，各种具有社交货币属性的IP形象如一股强劲的旋风，影响着年轻一代的行为，实现了品牌与消费者近距离的互动。纵观当下奶茶市场，除了人们熟悉的“喜茶”“一点点”“茶颜悦色”，新近又有一个以 IP 茶饮为特征的“贝肯熊”开始博得众多爱茶人的眼球。这个看起来白白胖胖、软萌 Q 弹的北极小熊，依靠着本身的可爱魅力，一面世就赢得了全世界爱茶人的欢迎。“贝肯熊”① 以全实景打造了一个沉浸式茶体验空间，其店铺内摆满了形态各异的“贝肯熊”公仔，灰色、白色的色调将店铺装扮成“冰雪世界”。店内除了有冰爽的装潢外，还有口味各异、造型独特的各式茶饮，如北极雪花奶茶、元气草莓奶茶、倒霉熊幸运水果茶，以及口感丰富的冰淇淋奶酪茶、明治牛乳系列、萌趣奶茶、奶霜茶、明治奶昔等，以满足茶饮爱好者不同的口味需求。此外，店内还有各种“贝肯熊”的 IP 好物，如手提袋、纸杯、手机壳、太阳伞等，这些 IP 好物设计独特，做工精美，令人爱不释手。

显然，在互联网时代，一个好的品牌创意、一段好的内容、一段好的视频都有可能快速成为大众相互交谈，屏下留言互动的谈资，即成为一种社交货币。美国营销学教授乔纳·伯杰（Jonah Berger）所著的《疯传：让你的产品、思想、行为像病毒一样入侵》② 一书中认为，社交货币是人们

① 新渡网．贝肯熊“出逃”做奶茶？时下最火的 IP 就是它了！［EB/OL］．（2020-06-05）．http://k.sina.com.cn/article_6496997983_18340525f00100w0ot.html.

② 乔纳·伯杰. 疯传：让你的产品、思想、行为像病毒一样入侵［M］. 刘生敏，廖建桥，译. 北京：电子工业出版社，2014.

在社交网络中用于相互间交流的一种工具，人们可以用它发表自己的意见，做出自己的评论。这种交流不仅能让更多的人了解你的品牌，获得某种实用的且有价值的信息，还可能让他们获得明确的价值认同与身份认同。

为了更好地理解作者的意图，我们将成为“社交货币”的品牌所需具备的核心要素提炼为以下七个，即吸引力、感染力、故事性、神秘性、稀缺性、专属性、沉浸性，详见图1-3。具备以上七个核心要素可使品牌成为一个有意义、有价值，并能被广泛谈起的“社交货币”。

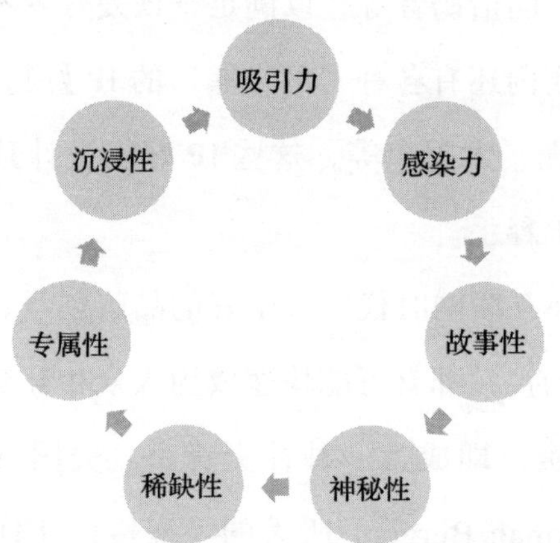

图1-3　成为“社交货币”的品牌所需具备的核心要素

具体来说，“吸引力”可以来自外在形象或内在意义；“感染力”则反映了你的品牌具有多强的影响力，能够让那些被品牌吸引过来进而喜欢上你品牌的那些人，为你品牌独有的魅力所感染和折服，如华为手机及鸿蒙操作系统；“故事性”则是指拥有能让更多人愿意了解、相信并易于传播的“好剧本”，如曹德旺出资捐建福耀科技大学的初衷与始末；“神秘性”则是让更多的人有一种揭开神秘面纱或证明自己选择正确的“向往”，如年轻人对“盲盒”的热情与追捧；“稀缺性”与“专属性”都是通过企业创造的一种“机会或制度”展现出来的，如会员制，这能为消费者提供某种鲜明的身份象征，从而使那些认可你品牌的人能相聚在一起，成为品牌死党，或者是忠实粉丝，愿意为你正言、为你点赞、为你辩护；“沉浸性”则是企业营造出的触及心灵的感动与体验，企业通过营造某种气氛、场景调动人们的情感，激活人们内心深处的一种渴望与表达，使他们全身心地沉浸在当下情境中，并通过沉浸式的体验加深这种情感共鸣。

显然，当一个品牌成为社交网络上流传广泛的、具有正能量的“社交货币”时，它就成为了公众视线范围内的焦点品牌，它可以轻易地走进消费者的生活中，并获得消费者的理解、支持、拥护和爱戴。

笃信“行稳致远”

近几年来，“小罐茶，大师作”的广告可谓人尽皆知，甚至一度成为各大商学院课堂中的必提案例。然而，近日网络上一份“逻辑工整”的段子让小罐茶陷入了“价高质低”“大师会不会累坏了”的传言中。显然，这个段子手是个非常细心的人，他做了一个详细的“计算”，认为：小罐茶2018年销售额突破20亿元，一位大师一年炒了2.5亿元的茶，价格是全国统一价，一盒500元，共80g，平均每克6.25元，换算出每人炒出8万斤；假设年中无休，平均下来一位大师每天炒出220斤净茶，一般4斤鲜茶可以炒出1斤毛茶，1斤毛茶经过挑梗、除片、筛末可得0.6斤净茶；每位大师一天要炒1466斤鲜茶叶，一般的手工炒茶师傅一天炒30斤左右鲜茶叶，顶尖的茶娘一天能炒40斤。大师不愧是大师！[①] 显然，这个“段子”因其精细的推算、朴实的语气、诙谐的提问，引来众多吃瓜群众围观，引起广大网友对铺天盖地的“小罐茶广告”，以及策划该广告的幕后人杜国楹的评论，“营销骗子”“虚假广告”之声不绝于耳。

当然，对于有丰富经验的“小罐茶”公关部门来说，绝不能错失最佳公关时机，随即网上就出现了一篇名为“致所有关心小罐茶的朋友”的公关文案，这里暂且不说其是否为该公司的发文（因为落款未见公司红章），但该篇文案对“段子手”过于直白的调侃进行了解释，阐明了行业转型升级的大趋势，

---

① 每经网．一年狂卖20亿，承认不是手工炒茶，小罐茶背后的“大师”们究竟在忙啥?［EB/OL］．（2019-01-19）．http://www.nbd.com.cn/articles/2019-01-19/1292892.html.

说明“大师作”并非大师手工去炒，而是指代表大师技艺的作品，并表示，传统制茶技艺的现代化创新这条路，他们会坚定地走下去。无论企业是否真的对网上的传言做了及时而有效的回应，但该传言已被众人热议且引发负面舆情是不争的事实，而企业发文是真的能消除人们心中的疑虑，还是反而会让人们对一些“噱头”式宣传更加警惕与警觉呢？

俗话说，水能载舟，亦能覆舟。当一个品牌逐渐成为众目所望的“社交货币”时，就更需要它坚持“底线思维，行稳致远”。底线思维是品牌管理体系中的重要环节，它注重的是对危机、风险、底线的重视与防范，在管理目标上侧重于防范负面因素、堵塞管理漏洞、防止社会动荡。因此，底线思维在品牌管理中起着“最起码的保证”“使危机最小化”的作用。尤其在互联网时代，信息传播的途径多、速度快、影响广、噪声强，要防止企业陷入被动局面，品牌需要持续修炼内功、提升自我、不负众望、砥砺前行，既要防止因一时疏忽，背上“骂名”，更要防止为一时之利，打概念擦边球，为博人眼球，巧立名目，编撰新词，最终自毁前程。

勇担“社会责任”

回想2021年7月20日，郑州遭遇千年一遇的特大暴雨。大雨无情人有情，此时，以鸿星尔克、贵人鸟、康德新、阿里巴巴、北京字节跳动等为代表的企业和公益基金组织，纷纷在第一时间向灾区捐资捐物，以支持救灾紧急举措和灾后恢复工作。据不完全统计，截至7月22日晚，已有近300家企业向河南伸出援助之手，超千万的大额捐赠持续出现……

为了践行企业发展使命，在高质量发展中促进共同富裕，腾讯在2021年短短四个月内，连续两次分别投入500亿元，相继启动了“可持续社会价值创新”和“共同富裕专项计划”战略，这不仅意味着腾讯将在增进社会福祉、助力共同富裕方面进行持续探索，同时，也展现出其对国家脱贫攻坚战略的积极响应，彰显了“取之于社会，回馈于社会”的企业发展初心。相信腾讯的这一举措也会带动生态体系内更多的伙伴共同行动，发挥科技向善的杠杆效应，在社会普惠领域持续助力。①

根据国泰安数据库统计，2020年有1005家上市公司发布了企业社会责任（CSR）报告，占沪深A股（3571家）的28.14%，比2019年（937家）上升7.26%。企业积极承担社会责任已经成为当今社会的一种共识，碳中和目标的提出对企业提出了更高的要求。

---

① 腾讯网．再投500亿助力共同富裕，腾讯四个月内已连续投入1000亿．[EB/OL]．(2021-08-19)．https://new.qq.com/omn/20211081 9A03RB800.html.

毫无疑问，时代赋予品牌的新使命，特别是品牌对社会责任的履行，不仅拉近了品牌与消费者之间的距离，使品牌的社会形象显著提升，更为品牌筑起了一道坚固的“护城河”，帮助企业抵御各方面的不确定性与挑战。

综上所述，品牌对企业意义重大，品牌与消费者的关系愈加密不可分，时代赋予品牌的新使命让品牌的感召力与影响力愈发强大。然而，品牌严格履行了这些新使命，抑或有了抵御不确定性与挑战的“黄袍加身”，就可以高枕无忧了吗？答案显然是否定的！在瞬息万变的大千世界中，品牌稍有不慎，就有可能陷入危机。现在，请让我们调整好坐姿和心情，等待品牌拉开动荡而又惊险的发展之路的大幕吧。

本章小结

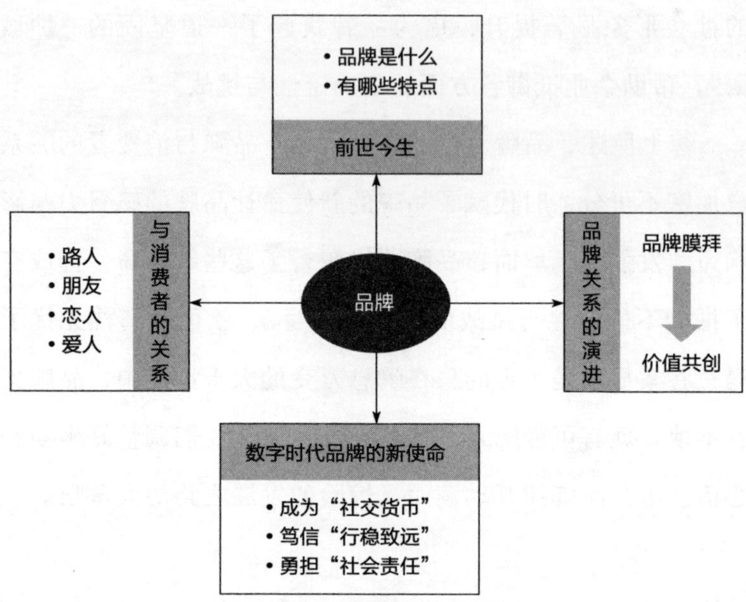

图 1-4　本章内容逻辑示意图

品牌的自我诊断

1. 我品牌与消费者的关系属于“路人”“朋友”“恋人”还是“爱人”？
2. 消费者有对我品牌的“膜拜”之情吗?
3. 我品牌是否已尝试与消费者共创价值?
4. 我品牌是否已成为目标消费者的“社交货币”？
5. 我品牌是否已建立起清晰的“社交身份”？
6. 我品牌如何在“勇于创新”与“坚守底线”中取得平衡?
7. 我品牌在承担社会责任方面有哪些思考?

第二章

品牌“危机”及其“病毒效应”

2008年9月，一场席卷全中国的食品危机震惊世人。最先，有媒体曝出三鹿品牌的奶粉中，疑似添加了名为“三聚氰胺”的成分，旨在提高蛋白质检测含量。[①] 由于食用了添加“三聚氰胺”的奶粉，6名婴儿死亡，296000名儿童患病。[②] 接着，又有多个中国主要乳制品品牌被卷入其中，如伊利、蒙牛、光明等。[③] 这一事件使中国乳制品的品牌形象受损，品牌信誉一落千丈。

2016年11月，有关“超级丹”出轨的消息不胫而走，即刻引来众人的围观和声讨，人们在惊愕之余，也在暗暗为其所代言的品牌商们捏把汗。毕竟，作为中国羽坛的领军人物，其职业生涯中取得的成绩曾令世人瞩目，令国人自豪。粗略计算，他曾获得过19次世界冠军，更是中国羽毛球历史上首位赢得全英赛、世锦赛、世界杯及奥运金牌的球员。在此事件发生前，由他代言的品牌不下数十个，其中既有国际奢侈品牌，也有国内知名品牌，如万宝龙、青岛啤酒等。林丹出轨事件[④] 一出，粉丝

---

① 新华社．三鹿问题奶粉被不法分子在原奶中添加三聚氰胺．政府网 [EB/OL]．(2008-09-12)．http://www.gov.cn/wszb/zhibo266/content_1094955.htm.

② 澎湃新闻．三鹿三聚氰胺毒奶粉事件责任人今何在？澎湃新闻网 [EB/OL]．(2014-08-03)．https://www.thepaper.cn/newsDetail_forward_1259370.

③ 质检总局网．质检总局公布全国液态奶三聚氰胺专项检查结果．政府网 [EB/OL]．(2008-09-19)．http://www.gov.cn/gzdt/2008-09/19/content_1100146.htm.

④ 腾讯体育．曝林丹在谢杏芳孕期内出轨 深夜酒店亲热被拍．腾讯体育 [EB/OL]．(2016-11-17)．https://sports.qq.com/a/20161117/010874.htm.

们骂声一片，一些被代言的品牌也纷纷或更换宣传物料、或撤下海报、抑或终止合约，其所带来的严重后果可见一斑。

2021年“双十一”中的“欧莱雅面膜差价事件”，因李佳琦、薇娅直播间所谓的“低价垄断”[①]与官方宣传不符，导致该事件在粉丝群和消费者群中不断发酵，并引发了人们对直播带货以及对品牌过度依赖的关注与质疑。尽管，欧莱雅对此发表了致歉信和说明，但从欧莱雅品牌事件发生后5天内的社交媒体舆论分析可见，“差价”“直播间”“优惠券”等相关词汇，均呈现激增的趋势，并出现了很多负面词语。毫无疑问，该事件已给品牌带来了极大的伤害。

2022年3月15日21时7分，“3·15”晚会曝光湖南插旗菜业有限公司对外售卖两种老坛酸菜产品，出口的老坛酸菜在干净的车间中腌制，而在国内销售的老坛酸菜则在周边的“土坑”中生产，存在严重的卫生问题。插旗菜业官方网站显示，该公司与康师傅、统一、肯德基、麦当劳等多家知名企业在产品代加工和原料直供等方面建立了战略合

①21世纪经济报道．深度丨与欧莱雅决裂 号称“最低价”的李佳琦薇娅走下神坛．21经济网[EB/OL].（2021-11-18）. http://www.21jingji.com/article/20211118/herald/1b7c356ff2f1e09f1c55ee7534c5db25.html.

作关系。该新闻迅速引爆网络，引发社会舆论关注。一时间，统一、康师傅、肯德基、白象、五谷渔粉等几乎所有与老坛酸菜相关的品牌均被推至风口浪尖，陷入被质疑、被讨伐、产品被下架的风波中。

显然，随着消费者自我保护意识的增强，以及互联网带来的信息传播的快速性与广泛性，因产品质量问题而给消费者带去的伤害、品牌代言人的负面信息、品牌承诺难以兑现等引发的危机事件频频发生，引发社会舆论广泛关注。对此，消费者惊讶、愤慨，甚至是投诉无门，与此同时，突发的危机事件也常常令品牌商措手不及，难以应对。当今，对品牌信任危机的管理已成为众多品牌商的头等大事。

那么，如何理解品牌危机？品牌危机都有哪些类型？本书所要探讨的品牌危机类型又有哪些？导致这些危机发生的背后深层原因是什么？面对危机，品牌商将做何种反应？这些反应是否恰当？有哪些可借鉴的经验与教训？如何理解在危机发生的各个阶段中，危机各方所扮演的角色？他们将如何影响危机的进程？如何理解消费者对品牌危机的反应与自救？如何应对大数据时代品牌危机管理所面临的新问题、新挑战……这些问题都将由我们在接下来的章节中一一展开讨论并予以回答。

危机及危机的特征

每当谈起“危机”二字，消费者往往会不由自主地“摇头”“叹气”乃至“义愤填膺”，而品牌经理们则是“茫然”“焦躁”，甚至“寝食难安”。毫无疑问，危机是对企业未来的获利性、成长性乃至生存发展具有潜在威胁的重大事件①，也是能够带来高度不确定性和高度威胁的、特殊的、不可预测的、非常规的一种事件或一系列事件。

通常，一个事件要发展为危机，至少需要具备以下三个特征：

第一，该事件对企业造成了明显的威胁，管理者也确信这种威胁会阻碍企业目标的实现；

第二，如果企业没有采取行动，局面将会恶化，并会带来无法挽回的后果；

第三，该事件具有突发性、巨变性和不确定性。

品牌危机是指所有可能给品牌带来负面影响的信息或事件。从消费者的角度看，品牌危机至少有如下五个特征。

（1）**广为人知的事件**。正如开篇中提到的，曾经震惊世人的“三聚氰胺”事件、双标生产的“老坛酸菜”事件、红

①Lerbinger O. The Crisis Manager：Facing Risk and Responsibility [M]. NJ：Lawrence Erlbaum Associates，1997.

极一时的品牌代言人林丹的出轨丑闻、知名品牌欧莱雅的差价事件，以及很多消费者或耳闻或亲历的各种品牌危机事件，它们都因其突发性、严重性，被广泛地传播开来。由于品牌危机事件中负面信息的不确定性和不完整性，以及其走向的扑朔迷离给公众和消费者带来的极大的恐慌和不安，这类事件不仅会直接损害消费者的利益，令品牌形象受损，而且也会间接地伤害到那些因喜欢代言人而喜欢品牌的“追星族”们，造成难以挽回的后果。

（2）**后果严重的负面舆论**。“三聚氰胺”事件是迄今为止传播面最广、后果最为严重、负面舆论最多的一次品牌危机事件。在这一危机事件中，深陷危机泥潭中的品牌不仅有始作俑者三鹿，还有随后卷入的涉事品牌（如伊利、蒙牛、光明等），有可能与危机品牌有关的涉嫌品牌（如三鹿的合资品牌恒天然），或其他与乳制品相关（如酸奶等乳制品）的品牌，以及虽然未被卷入但也因此受到影响的竞争品牌。这一事件不仅使整个乳制品行业发展受阻，更使长期建立起来的消费者对该行业品牌的信任和信心坍塌，人们开始对自己日常消费品的安全性感到焦虑和恐慌，并努力寻找保护自己的良策。

同样地，“老坛酸菜”事件不仅令湖南插旗菜业有限公司名誉受损，其“双标”的生产流程与管理不仅令消费者对企业管理产生了极度不信任，也对其经营理念产生了怀疑。

正如前文所述，那些与之签订了长期战略供应合作关系的统一、康师傅、肯德基、麦当劳等知名企业更是首当其冲地受到牵连，其旗下的老坛酸菜方便面、相关的酸菜火锅底料、各种独立包装的酸菜产品等更是令消费者“谈酸色变”“避而远之”。

（3）**关键的品牌主张“混淆误导”**。品牌主张是一个品牌向其消费者所做的某种价值承诺，换句话说，也是品牌有别于竞争对手，且能带给消费者的某种利益。

近些年来，气泡水作为一种新型饮料，因其特有的清新口感、细腻的气泡以及种类丰富的水果口味深受年轻人喜爱。其中，主打健康茶饮的元气森林，在短短的4年间迅速走红市场，做到月销售额近亿元的规模，跻身网红品牌行列。据了解，2017年，元气森林推出燃茶，主打“无糖0卡”，2018年上线苏打气泡水，2019年推出宠肌胶原蛋白水，主打“0脂肪”，获“神仙水”称号，成功打造了“0糖、0脂、0卡”的品牌主张。正是这“0糖、0脂、0卡”的品牌主张，准确击中了年轻白领希望“不长胖、不增脂、健康有活力”的痛点，受到了年轻人的大力追捧，成为“0糖”饮料风潮中最亮眼的新星。一时间，元气森林成了年轻白领口口相传的“社交货币”。

然而，其一直宣传的“0糖、0脂、0卡”，却在2021

年年初被推上风口浪尖，被指其乳茶产品并非真的“0糖”，而只是“0蔗糖”。[①] 由于这一事件与元气森林一直倡导的“0糖”的核心品牌主张存在“混淆概念，误导消费”的情况，引发了负面舆论，令很多消费者有“上当受骗之感”。最终，迫于舆论的压力，元气森林发表了致歉声明，更改了产品包装，将“0蔗糖”改为“低糖”。但细心的消费者仍会发现，这些“更改”是非常不明显的，且仍有误导之嫌。当下，类似这种“混淆概念，误导消费”的品牌并不在少数，这种行为一旦被消费者“识破”，品牌在消费者心目中的形象就会受损，品牌信誉度就会大幅下降。

（4）**原有“形象或信誉”遭遇挑战**。品牌形象是企业向社会和消费者所传递的一种积极、正面的理念与视觉的集合。一直以来，北京的红黄蓝幼儿园，作为一家知名的幼教品牌，主要为2～6岁中国儿童提供专业的幼儿教育服务，自2003年创立以来，因其先进的教育理念、精细的课程设计，以及高标准的管理水平，短短的十余年间，就在全国拥有了近500家高品质的双语幼儿园，获得了业内的认可，也成为许多家长信赖和首选的幼儿园。然而，发生在2017年11月的“红黄蓝幼儿园事件”却在很多家长心中蒙上了一层难以挥去的阴影。事

① 央广网．元气森林就“0蔗糖”宣传语致歉 专家：涉嫌欺诈消费者．央广网[EB/OL].（2021-04-13）. http://finance.cnr.cn/2014jingji/djbd/20210413/t20210413_525460844.shtml.

件的起因是这样的：多名家长反映红黄蓝幼儿园的孩子遭老师虐待，网上来自不同家长的各种爆料令人不寒而栗，很快，北京警方从各方取证，对此展开了全面细致的调查。调查后，相关教师被刑拘，红黄蓝幼儿园发布道歉信，其声誉扫地、股价大跌、市值缩水。[①]虽然红黄蓝幼儿园的业务还在继续发展，但相信很多家长依旧对其质疑满满，毕竟品牌危机事件所带来的阴影一时难以退去，品牌在消费者心目中的形象和信誉受到了极大的损害。重建品牌形象和信誉，任重道远。

（5）**当事双方对“事实”认知有别**。在有些品牌危机中，消费者、企业各执一词，很难判断谁对谁错。2021 年 4 月 19 日，一位特斯拉车主在上海车展维权，原因是其父亲驾驶特斯拉经过路口减速时，发现刹车失灵，导致交通事故，事后该车主要求退回车辆但遭到拒绝。随后，特斯拉公布相关数据，坚称车辆无问题。双方你来我往，在网络上引发了热烈的讨论，有人支持车主，有人支持特斯拉，但却始终没有能够一锤定音的“实锤”证据。[②]在这类事件中，虽然真相尚待揭示，但不可否认的是，相关的负面信息已经威

---

① 新浪财经．红黄蓝发布道歉信：深感耻辱 没资格祈求原谅唯有行动．新浪财经[EB/OL].（2017-11-29）. http://finance.sina.com.cn/chanjing/gsnews/2017-11-29/doc-ifypathz7139072.shtml.

② 新华网．特斯拉车主维权风波：不鼓励“一闹就灵”，也不纵容“店大欺客”．新华网 [EB/OL].（2021-04-20）. http://www.xinhuanet.com/fortune/2021-04/20/c_1127352976.htm.

胁到了品牌在消费者心目中的形象与地位，对品牌造成了一定的伤害。

你可能会说，这些危机不都是品牌自找的吗？管理不善、客户关系处理不佳、目光短浅……企业自身出了问题，理应自食其果。在很多情况下的确如此，但也存在企业无法控制的外部因素将品牌拽入危机旋涡的情况。例如，目前一些城市出台并执行的汽车限牌政策，对于汽车行业的品牌，尤其是传统汽油车品牌而言，产生了非常大的负面影响，如若应对不佳，将直接导致品牌销售额下跌，还可能对品牌的长期持续发展造成不良后果。2020 年新冠肺炎疫情暴发后，美国的众多百货零售商受到冲击，百货连锁商店杰西潘尼（J. C. Penney）、知名男士服饰品牌布克兄弟（Brooks Brothers）等多家企业纷纷申请破产。

或许你也发现了，限牌政策和新冠肺炎疫情引发的品牌危机与林丹、红黄蓝幼儿园、特斯拉、欧莱雅等遇到的品牌危机有所不同，它们影响的并非只是某一个品牌，而是整个行业。如果我们将受危机影响的品牌数量作为一个连续的坐标轴，那么单一品牌危机和全行业品牌危机就分属于坐标轴的两端，中间还有涉及两个品牌的危机、涉及三个品牌及行业中更多品牌的危机。

近些年来，我们已经很难看到只涉及一个品牌的危机，涉及多个品牌的危机越来越多，如2008年的乳制品行业的“三聚氰胺”事件、2012年的白酒行业“塑化剂超标”事件[①]、2020年羽绒服装行业的“粉碎毛冒充羽绒、含绒量未达标、充绒量未达标”事件[②]等，危机涉及的品牌数量越多，消费者在心理上受到的冲击就会越强，其消费态度和行为发生改变的可能性也会越大。

相比单一品牌危机，全行业品牌危机是产品伤害危机中更为严重的一种，它除了具有产品伤害危机的全部特征外，还具有以下特征：

（1）波及范围广，并非是对单一企业或品牌有影响的危机，而是覆盖同行业多个企业和品牌的共性危机；

（2）危机的伤害范围是全行业，行业内的企业无论涉事与否，都有受到伤害的可能；

（3）有行业潜规则和包庇行为之嫌，全行业危机经常是由行业内潜规则的不恰当性引起的，且在危机发生的初始阶段，业内企业往往存在互相包庇的行为。

那么，品牌危机对企业和消费者来说分别意味着什么呢？

---

① 中国证券报．机构送检塑化剂 知名酒企 11 款白酒 9 款超标．人民网 [EB/OL].（2012-12-14）.http://finance.people.com.cn/money/n/2012/1214/c218900-19893924.html.

② 中国新闻网．羽绒服猫腻多！北面、匡威等含绒量及绒子含量未达标．中国新闻网 [EB/OL].（2020-01-21）. https://www.chinanews.com.cn/cj/2020/01-21/9065833.shtml.

品牌危机对企业意味着什么？

品牌危机对企业有什么影响呢？这个问题的答案首先取决于这个企业在危机中扮演的角色，它是发生危机的品牌，还是涉事品牌，或是涉嫌品牌？它们与危机品牌之间有密切的关联吗？合资还是独资？国内品牌还是国外品牌？它与危机品牌是竞争关系吗？显然，企业在危机中的身份不同，境遇不同，行为表现以及消费者对它们的态度也各不相同。

危机品牌：深陷困境

如果你的品牌是身处危机旋涡中心的品牌，危机的发生会对你产生最直接的负面影响。

（1）**消费者对品牌的评价会骤然下跌**。这些评价还会波及品牌的各个方面。例如，消费者对危机品牌旗下其他产品质量的感知、消费者对品牌的整体评价和购买意愿、消费者对品牌的信任水平，以及消费者对品牌的忠诚程度，等等。

2017 年 8 月 25 日，海底捞位于北京的两家门店被爆存在卫生安全隐患，随后，海底捞的网络口碑急转直下，负面口碑在所有网络口碑中所占的比例由此前的 9.22% 蹿升至 49.15%，正面口碑比例则由 74.75% 暴跌至 11.07%。[①]

（2）**品牌收入的下跌还会导致企业内部组织结构的动荡**。无论是员工因对企业失去信心而自愿离职，还是企业迫于财务压力或出于追责目的解聘员工，品牌危机对于企业的人力资源而言都是艰难的考验。

（3）**品牌危机会打击外部投资者对企业的信心，从而影响投资者决策**。如果企业是上市公司，品牌危机可能导致其在资本市场的价值下跌；如果企业为非上市公司，品牌危机很可能使其现有或潜在的投资者不愿为其提供财力支持。

2018 年 8 月 30 日，国内知名电商创始人涉嫌“性行为不当”，被美国明尼苏达州警方逮捕，京东陷入高管丑闻。事件发生后，京东股价暴跌约 35%。[②]

① 王崇锋，孔卓. 君子养心，莫善于诚：海底捞事件的峰回路转 [EB/OL].（2018-05）. http://www.cmcc-dlut.cn/Cases/Detail/3193.

② 正解局 . 京东股价暴跌：刘强东一场夜宴，到底损失了多少？观察者网站 [EB/OL].（2019-05-17）. https://user.guancha.cn/main/content?id=111633&page=2.

2016 年 4 月 12 日，大学生魏则西因滑膜肉瘤去世，他临死之前曾在网上控诉百度发布虚假医疗信息。该事件使百度遭到了人们的强烈声讨，随后百度股价下跌超过 8%。[①]

涉事品牌：忐忑不安

当危机品牌被曝出丑闻时，具有类似问题的品牌也会被连带着曝光。

2020 年 8 月 22 日《城市信报》中的一则报道，引起了人们对海底捞“纯正浓郁的骨头汤”实为“勾兑品”的震惊。“骨头汤”实为“勾兑品”的报道[②]一出，使得餐饮行业中过往的产品“勾兑”事件，如味千拉面的“骨粉汤”[③]、DQ 的“奶浆门”[④]、肯德基和永和豆浆的“豆浆门”[⑤⑥]重新被提起并引起热议，一时间，海底捞和众多知名品牌相继陷

---

① 网易财经 . 魏则西事件持续发酵：百度股价盘中重挫 8%. 网易财经 [EB/OL].（2016-05-02）. https://www.163.com/money/article/BM3GD6J900251LIE.html.

② 城市信报 . 记者卧底打工海底捞 骨头汤和饮料是兑的（图）. 央视网 [EB/OL].（2011-08-22）. http://jingji.cntv.cn/20110822/105999.shtml.

③ 汉网 - 长江日报 . 味千拉面骨汤被曝勾兑而成 被指“高价方便面”. 网易财经 [EB/OL].（2011-07-27）. https://www.163.com/money/article/79V6VG4200254NLI.html.

④ 中国广播网 . DQ 冰淇淋被指用国产奶浆 公司回应从未强调进口 . 搜狐网 [EB/OL].（2011-08-03）. http://news.sohu.com/20110803/n315335552.shtml.

⑤ 北京日报 . 肯德基被曝豆浆为豆浆粉冲泡 专家称损害知情权 . 中国新闻网 [EB/OL].（2011-08-03）. https://www.chinanews.com.cn/cj/2011/08-03/3229781.shtml.

⑥ 北京晨报 .“豆浆门”事件升级永和牵扯入内 被指不用真豆浆 . 中国新闻网 [EB/OL].（2011-08-04）. http://www.chinanews.com.cn/cj/2011/08-04/3232224.shtml.

入这种“不诚实行为”的信任危机中。

涉嫌品牌：遭受牵连

品牌危机还会波及与危机品牌相关联的其他品牌，如合资品牌。当年，与“三聚氰胺”事件中的始作俑者三鹿合资的品牌——恒天然（来自新西兰）的品牌声誉，受到来自国际国内消费者的强烈质疑，作为合资品牌，其品牌质量、形象、信誉等都遭遇了极大的挑战[①]，这种负面影响向关联品牌溢出的现象，被称为“负面溢出效应”。尽管恒天然作为一个国际知名品牌，在危机之初和危机中都积极采取了各种措施来尽快制止危机事件的蔓延，但消费者对三鹿的声讨自然而然地就会波及恒天然，最终这个合资品牌因其“影单力薄”“孤掌难鸣”，被拖进危机的旋涡中难以快速脱身。

竞争品牌：福祸未定

当两个事物相异时，最易产生对比效应。也就是在面对两个互为竞争关系的品牌时，消费者更容易想到它们之间的差异性或不一致，这时，对比效应就可能出现。基于此，如果你的竞争对手发生了品牌危机，你是不是就应该偷着乐了

---

① 每日经济新闻．恒天然再次陷双氰胺风波 5 年前被卷三聚氰胺事件．新浪财经 [EB/OL].（2013-08-12）. http://finance.sina.com.cn/chanjing/gsnews/20130812/ 025816412895.shtml.

呢？在很多品牌发生危机的情况下，竞争品牌确实能够渔翁得利。试想，当一个品牌出现危机，消费者拒绝购买其产品，转而购买其竞争品牌的产品是再自然不过的事情了。正因如此，才会出现一些企业不择手段，“制造”危机打击竞争对手的现象。

然而，不要忘了，存在竞争关系的两个品牌同样存在着相似性或一致性。例如，二者同处于一个行业，生产和销售类似的产品，等等。这些相似性或一致性足以使两个品牌在消费者心中建立起关联。这时，竞争品牌也可能遭受“池鱼之殃”。毕竟，对于为稳妥起见的消费者而言，在当今物质丰富的年代，寻找替代产品还是比较容易的。既然这个行业里有品牌出了问题，那我可以选择拒绝该行业里的任何品牌，转向其他行业。就像一部分消费者曾明确表示，由于对乳制品失去了信心，已决定改喝豆浆了。①

因此，如果一场危机中本就涉及多个品牌，那么危机发生的行业中其他品牌受到负面溢出效应影响的可能性就更大，程度也会更强。

---

① 德清新闻网．因为三聚氰胺，不少市民改了生活习惯：不喝牛奶改喝豆浆．德清新闻网 [EB/OL].（2008-09-24）．http://dqnews.zjol.com.cn/dqnews/system/2008/09/24/ 000907780.shtml.

品牌危机对消费者意味着什么？

丑闻：负面事件

品牌危机，有的是谣言，有的确有其事，有的是品牌自食其果，有的是企业无能为力……不管是什么因素引发的品牌危机，一旦发生，在消费者的眼中，它就意味着丑闻，代表着负面事件。绝大多数情况下，普通消费者的第一反应是：这个品牌出问题了，先避免购买和使用它的产品吧。有些时候，品牌危机可能与其产品本身无关，但消费者依旧会对该品牌旗下的产品产生负面情绪。尤其是在移动互联网极度发达的当今时代，消费者的时间越发碎片化，信息获取越发精简化，很多时候，消费者只是通过一个标题、一条短新闻或短视频来获悉外部世界的变化，难免无法掌握全部事实。其实，对于谨慎的消费者来说，基于品牌危机否定相关品牌和产品，是非常省时省力的规避风险之策。

伤害：天差地别

品牌危机可能是各种各样的，不同的品牌危机对不同的消费者来说，严重程度也是不同的，在消费者眼中也会被区别对待。有些品牌危机涉及产品问题，如产品存在缺陷，或是产品对消费者具有危险性。这种品牌危机又称为产品伤害危机，产品伤害危机会对消费者使用产品这一行为产生直接的影响。而另一些品牌危机与产品本身无关，并不影响消费者的产品使用体验，如品牌代言人出现丑闻、企业生产排污不符合环保标准、品牌的价值观与消费者自身的价值观背道而驰，等等。这两类品牌危机在一些消费者眼中没什么区别，他们对于危机品牌，都是要进行抵制的；但对于另一些消费者来说，价值观不是那么重要，不影响对产品的使用就可以了，但产品出问题绝对不行；还有一些消费者认为，管他什么危机，只要没出什么大事儿都没关系；当然也有部分消费者更加在乎品牌的价值观，坚信只要企业“心地善良”，即使其现在的产品还不行，早晚也能做出好产品。

反应：因人而异

当我们将消费者进一步细分，就会发现，不同的消费者在看待品牌危机的方式上还是有很大不同的。当一个品牌出现了问题，那么正在使用该品牌产品的消费者显然是最大的受害者，因为他们的利益受到了最直接的侵犯，因此，他们也是最为愤怒、最为恐慌的一群人，也最有可能做出较为极端的行为。

如前面提到的特斯拉车顶维权事件中[①]，虽然这位维权者最终因扰乱公共秩序被处以行政拘留五日，但其愤怒程度可见一斑。爱之深，恨之切。品牌的使用者多多少少都是对品牌抱有好感的，这种好感在受到某种打击之下更容易转化成厌恶，甚至导致他们做出过激行为。

当然，并非所有使用者都会立刻站在涉事品牌的对立面。一些品牌的忠实粉丝，如同品牌的“恋人”或“爱人”，他们往往对品牌抱有十足的信任，难以相信品牌会有问题。面对危机，他们很可能不是怀疑品牌本身，而是首先质疑事件的真实性和可靠性，并试图找出真相，还品牌一个清白。另有一些品牌的消费者，如同品牌的“朋友”，他们对品牌所发生的负面事件，往往持有客观的、一视同仁的态度，希望通过对杂乱无序的信息进行“去粗取精”“去伪取真”的梳理，最终对涉事品牌发生危机的缘由做出一个客观、理性的判断。

然而，对品牌而言，多数情况下，市场上更多的消费者

① 北京日报客户端．上海车展突发！特斯拉展台遭遇疑似女车主维权．网易科技网[EB/OL].（2021-04-19）. https://www.163.com/tech/article/G7UP2V17000999LD.html.

是擦肩而过的“路人”。这些消费者与品牌之间并无太多交集，他们并不是品牌产品的使用者，在危机发生时，他们作为旁观者，更多的是在围观、看热闹。有的消费者会像读故事一样期待事情的发展，也有消费者会带着正义的价值观讨伐危机品牌，还有一些消费者会借机宣泄自己平日里积攒的负面情绪，而更多的消费者则是事不关己，高高挂起，不关心，不关注，无所谓。

显然，随着消费市场的细分程度越来越高，消费者群体中的这种“割裂”现象越发明显。一个品牌危机事件在某一个消费者群体中可能已经被讨论得热火朝天，而一旦出了这个圈子，事件甚至可能无人知晓。现如今，各个细分消费者群体之间已有了难以逾越的鸿沟。

归因：各有不同

在面对任何事件时，人都会进行归因，品牌危机也不例外。当负面消息传来，面对同一个品牌危机，不同的消费者，甚至是同一个消费者在不同的情境下，都可能做出不同的归因。如果一个品牌出了问题，消费者大体上有两种归因结论：客观因素和主观因素。消费者有可能认为这个企业的心是好的，但由于外部环境因素、自身能力不足等客观情况，导致了一个坏的结果；也有可能认为这个企业就是个道德沦丧的企业，本来能做好，却故意使坏。

关于危机产生的原因，我们会在接下来的一章中进行深入探讨。到时，品牌可以进行一下“对号入座”，判断一下你的企业品牌属于哪一种。当然，你最好是心地善良又有能力的品牌。如果你是消费者，你更痛恨哪一种企业呢？相信多数消费者更讨厌道德缺位的品牌，因为从一个错误的起点出发，无论如何也到达不了预设的终点；而能力不足的品牌，通过努力和改进，还是有可能成为更好的品牌的。

期待：品牌行动

其实，无论是哪一类消费者，“路人”也好，“朋友”也罢，抑或是“恋人”或“爱人”，在面对品牌危机时，都会期待品牌做点什么，或澄清，或解释，或告知真相，或道歉，或赔偿，或承诺改进。至于品牌的行动能够产生哪些效果，我们将在后面的章节中继续展开讨论。

品牌危机的“病毒效应”

品牌危机可能产生负面溢出效应吗？溢出，从字面上理解就是水从已满的容器中流出来。负面溢出效应也就是指当某个品牌发生危机时，有关该品牌的负面信息就会随之波及其他与之相邻的或相关的品牌。

当发生危机的品牌只有一个时，这种负面溢出效应波及的范围比较有限，也可以说，这种负面溢出效应，只影响品牌本身或品牌旗下相关的产品线。随着危机严重性的加强，或者说有更多的品牌（品牌集）被牵连，负面溢出效应的波及面会变大，这时与危机品牌关联较为密切的其他品牌就会受牵连，如与涉事品牌有投资关系的合资品牌或有利益往来的合作品牌；如果危机继续蔓延和扩大，就会从现在的品牌集波及更广的下一个品牌集，如病毒一般快速蔓延。如果我们以危机品牌为中心画一个圈，代表危机品牌的影响集，圆圈以内的品牌属于品牌危机的辐射范围，受到波及的品牌还会将负面影响溢出到它自己的影响集，第二层影响集里的品牌也会产生第三层影响集，随着层级的增加，负面溢出效应逐渐减弱，直至消失，详见图 2-1。

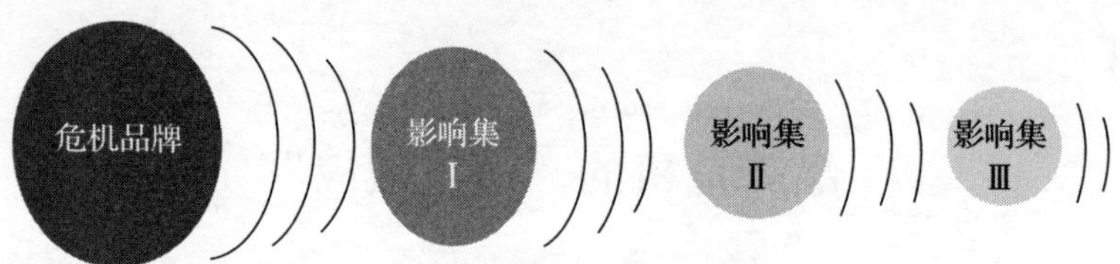

图 2-1 “病毒效应”示意图

显然，危机越严重，负面溢出效应扩散的层级也就越多。因为这种现象与病毒扩散类似，会在其可能涉及的范围迅速地传播，因此，也被称为“病毒效应”。

当危机品牌的数量增加时，受到波及的品牌数量也会呈指数级增加，呈现病毒式传播。如果危机品牌数量众多，危机事件又非常严重，那么整个行业，甚至行业以外的大量品牌都会难以幸免，即使有的品牌没有犯任何错误。

2008 年中国乳制品“三聚氰胺”事件，全面地展现了品牌危机负面影响扩散的“病毒效应”。在此，让我们重新回顾一下 2008 年“三聚氰胺”事件发生的时间线，从中领略一下“病毒效应”原理，以及它在短短三个月的时间里展现出的威力吧，详见表 2-1。

表 2-1　2008 年发生的中国乳制品“三聚氰胺”事件时间线 ①②

时间	事件
9 月 10 日前	媒体报道，三鹿集团涉嫌在其奶粉中放入“三聚氰胺”，已致甘肃省 14 名婴儿患病。三鹿集团矢口否认，采取删帖措施，并将责任转嫁给不法奶农
9 月 11 日	卫生部发布公告，受“三聚氰胺”污染的三鹿婴幼儿配方奶粉导致婴儿患肾结石
9 月 12 日	三鹿集团承认其奶粉产品中含有“三聚氰胺”
9 月 15 日	据报道，2 名婴儿死亡
9 月 16 日	官方检查结果显示，包括伊利、蒙牛、光明在内的 22 家乳制品企业生产的婴幼儿奶粉中均含有“三聚氰胺”
9 月 18 日	官方检查结果显示，包括三鹿、伊利、蒙牛、光明在内的多家公司生产的液态奶产品中含有“三聚氰胺”，有关部门要求召回问题产品
9 月 22 日	患病婴儿人数上升到 53000，至少 4 人死亡。国家质量监督检验检疫总局局长辞职
10 月 7 日	卫生部发布乳品“三聚氰胺”限量标准
10 月 14 日	政府部门要求企业召回 9 月 14 日前生产的全部液态奶和奶粉产品
10 月 15 日	全国共有近 6000 名婴幼儿因肾部疾病仍在医院治疗
10 月 31 日	省级媒体承认，在动物饲料中添加“三聚氰胺”可能是普遍现象

① 王雪芳，张红霞. 全行业危机下沟通策略的选择与消费者信任重建［J］. 管理学报，2017，14（9）：1362-1373.

②GAO H J，KNIGHT G，ZHANG H，et al. Consumer scapegoating during a systemic product-harm crisis［J］. Journal of marketing management，2012，28（11-12）：1270-1290.

（续表）

时间	事件
12月24日	三鹿宣告破产
12月27日	卷入丑闻的乳制品公司需要对受影响的近30万人进行赔偿
1月9日	共有60人因该事件被逮捕
1月11日	由于食用含有“三聚氰胺”的乳制品，共计296000名儿童患病
1月22日	三鹿高管被法院依法判刑
1月22日后	从最初对奶粉产品的质疑，扩展到对牛奶、酸奶、冰淇淋等所有乳制品的不信任
	从最初对国内乳制品品牌的质疑，逐渐扩展到对中外合资乳制品品牌的不信任
	从对中外合资乳制品品牌的不信任，逐渐扩展到对纯外国进口品牌的怀疑……

从表2-1中可见，众多食用过三鹿奶粉的婴儿被发现患有肾结石，随后三鹿被曝为提高奶粉蛋白质检测含量，在产品中添加化工原料“三聚氰胺”。紧接着，中国国家质量监督检验检疫总局对国内乳制品厂家生产的婴幼儿奶粉进行检验后，发现包括伊利、蒙牛、光明、圣元及雅士利在内的22个厂家69批次产品中都检出“三聚氰胺”，其中除了纯国产品牌外，还包括少数中外合资品牌。消费者开始感到恐慌，从最初对三鹿的质疑，扩展到对国内所有乳制品品牌的

不信任；从最初对奶粉产品的质疑，扩展到对牛奶、酸奶、冰淇淋等所有乳制品的不信任；从最初对国内乳制品品牌的质疑，逐渐扩展到对中外合资乳制品品牌的不信任，再扩展到对纯外国进口品牌的怀疑……可以说，这一事件对消费者造成了巨大的冲击，使其不愿意相信与乳制品有关联的任何品牌。①

在移动互联网和社交媒体爆炸式发展的今天，各种信息都能以更快的速度、更高的效率进行病毒式的传播。2020年抖音上最火的10首歌曲，总播放量高达945亿次，相当于所有中国人平均每人观看了近70次。

试想一下，如果按类似强度，让“三聚氰胺”事件的品牌危机再次出现，那么，“病毒效应”也许会扩散得更快、更广，带来的社会影响更大，对消费者造成的心理伤害更深。当然，也许因为影响过大，危机中的品牌各自采取的“应对与反击”会更加迅速，危机持续的时间会被缩短……

无独有偶，2022年“3 · 15”晚会曝光的“老坛酸菜”事件再次体现了品牌危机的“病毒效应”。事件曝光后迅速引发消费者热议，互联网、社交媒体上的评论直指统一、康师傅等相关品牌，详见表2-2。

---

①GAO H J, KNIGHT G, ZHANG H, et al. Guilt by association: Heuristic risks for foreign brands during a product-harm crisis in China[J]. Journal of Business Research, 2013, 66(8): 1044-1051.

表 2-2　2022 年 3 · 15“老坛酸菜”事件时间线

时间	发声主体	发声内容
3 月 15 日 21 时 7 分	“3 · 15”晚会	湖南插旗菜业有限公司对外售卖两种老坛酸菜产品，出口的老坛酸菜在干净的车间中腌制，而在国内销售的老坛酸菜则在周边的“土坑”中生产，存在严重的卫生问题
3 月 15 日 21 时 40 分	统一	自 2012 年年底已不再与湖南插旗菜业有限公司合作，已在第一时间约谈了现供应商湖南锦瑞食品有限公司负责人，对相关酸菜产品进行封存，质量检测后立即停止了湖南锦瑞食品有限公司的供应商资质。 随后进行了二次回应，表示统一企业内部对老坛酸菜牛肉面有严格的监管体系，酸菜自腌自用，不允许外购酸菜，会继续开放工厂参观
3 月 15 日 22 时整	电商平台	搜索不到“老坛酸菜”相关产品，涉事的相关产品被下架
3 月 15 日 22 时 27 分	肯德基	湖南插旗菜业有限公司不是其供应商，与肯德基没有任何关系
3 月 15 日 23 时 26 分	白象	与湖南插旗菜业有限公司从未有过合作
3 月 16 日 0 点 59 分	康师傅	已立即取消湖南插旗菜业有限公司的供应商资格，终止一切合作
3 月 16 日 11 时 6 分	五谷渔粉	承认湖南插旗菜业有限公司为其供应商之一，表示已对相关酸菜原料全面下架停用

（续表）

时间	发声主体	发声内容
3 月 16 日 11 时 23 分	康师傅	启动相关产品的下架回收，并承诺所有产品均检验合格后才会出厂销售。消费者若需办理酸菜口味方便面退货，可拨打产品包装上 400 开头的电话或与线上客服沟通处理
3 月 16 日 15 时 10 分	统一	发布湖南锦瑞食品有限公司的承诺函，表示供应统一的酸菜包不是“土坑酸菜”，如有虚假，湖南锦瑞食品有限公司愿意承担法律责任
3 月 16 日 15 时 39 分	市场监督总局	要求湖南、河南两省市场监督管理部门彻查严处相关食品生产经营违法行为
3 月 16 日 19 时 8 分	统一	邀请 1000 名媒体朋友、消费者、客户参观酸菜加工工厂
3 月 22 日	陕西省西安市律师韦涛	向当地法院对康师傅老坛酸菜牛肉面提出诉讼，当地法院已正式受理此案

“老坛酸菜”事件同样具有病毒传播的效应和特点，但与“三聚氰胺”事件相比，“老坛酸菜”事件显然具有如下特点：

第一，主流媒体率先曝光，可信度毋庸置疑。作为主流媒体的中央电视台率先选择在“3 · 15”晚会上对其曝光，因权威性无人质疑，可信度更胜一筹，也更令全国消费者震惊、气愤和难以接受。

第二，特殊时点曝光，倍受全国人民关注。作为宣传

《中华人民共和国消费者权益保护法》和打击不法企业的专题晚会，“3·15”晚会诞生至今已有31个年头。从首次举办至今，其已由群众行为转变成政府行为，因此，“老坛酸菜”事件在此时被曝光，无疑会成为全国人民关注的焦点，成为众矢之的，并如过街老鼠，人人喊打。

第三，涉事品牌迅速反应、火速公关、果断决策。与“三聚氰胺”事件曝光初期的“集体选择沉默”相比，这次主要涉事企业从插旗菜业的公开“道歉”（当然，这种道歉是否真诚服众则是后话）到统一的多次危机公关和邀请消费者实地参观，再到康师傅果断中止供应合作关系等一系列反应，说明企业对待品牌危机的处理能力与以往相比已有了重大的改变，当然，效果如何还需等待时间检验。

第四，消费者兼有认知与情感上的巨大伤害。“老坛酸菜”事件不仅让长期悬在人们心上的食品安全问题变得更加严峻和迫在眉睫，更在情感上令消费者有五味杂陈和上当受骗之感。这种难以发泄的愤怒与无法言表的心情都将会在一段时间内，留在人们的记忆中，挥之不去。

显然，在当今大数据时代背景下，品牌很难独善其身，更加严峻的挑战就在不远处。你的品牌做好面对随时可能遭遇负面溢出效应的准备了吗？接下来，我们一起走进导致危机爆发原因的探寻之旅。

本章小结

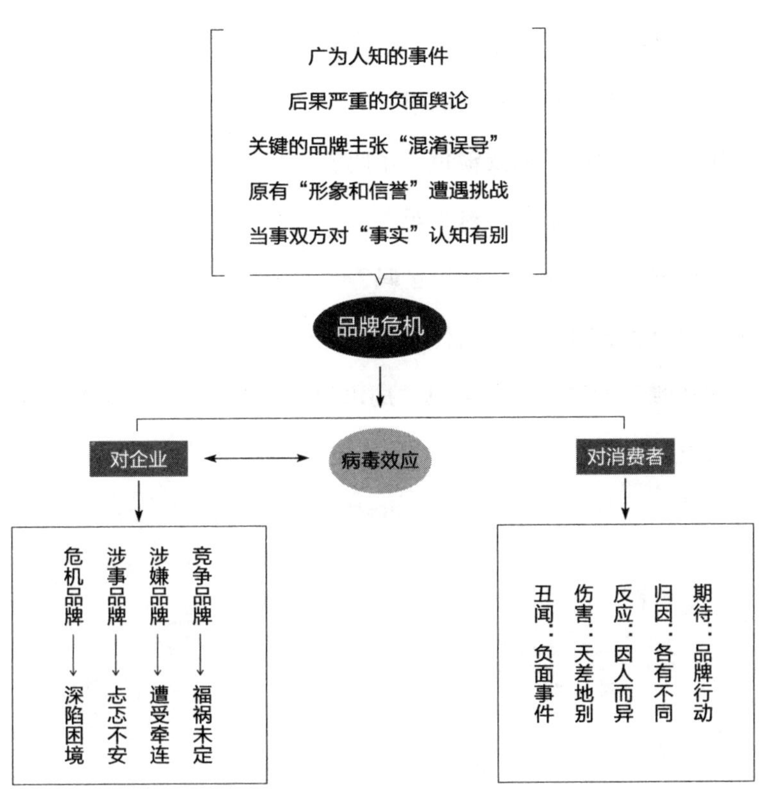

图 2-2　本章内容逻辑示意图

品牌的自我诊断

1. 我的品牌发生危机了吗?

2. 我与危机品牌有密切关联吗?

3. 我在危机中被“殃及池鱼”了吗?

4. 我与危机品牌是竞争对手吗?

5. 我在危机中“渔翁得利”了吗?

6. 我的消费者对我足够信任吗?

7. 在随时可能遭遇品牌危机“病毒效应”的情况下，我做好应对准备了吗?

第二章

品牌危机是“飞来横祸”还是“自取其祸”？

2021 年 10 月 27 日，上海的贾女士在国金中心商场地下一层 LG1-58 号的加拿大鹅店，购买了一件型号为 9512M 的羽绒服，价格为 11400 元，并当场签署了“更换条款”，条款显示除非相关法律另有规定，所有中国大陆地区专门店售卖的货品均不得退货。然而，贾女士回家后却发现衣服的商标“绣错了”——人们熟悉的鹅标中心的太阳处多绣了一根弧线。此外，她发现衣服上还有一些未剪掉的线头和异味。于是，第二天，贾女士向国金中心加拿大鹅店店长投诉，店长称自己没有权力退货，需要总公司解决。贾女士多次与门店、商家，甚至通过邮件与总公司沟通，总公司在 11 月 15 日的回复（以英文的形式）中表示：“很抱歉，我们无法就您的身份验证查询提供更好的帮助。建议您访问我们的假冒网页进行比较，这将有助于您辨别所购买的羽绒服的真假，我们希望所提供的信息对您有帮助……”① 显然，贾女士对这个回复是不满意的。在退货多次碰壁后，贾女士将此事在网上曝光，迅速引起热议。

到底是贾女士买到了“假货”还是商家另有隐情，提前与消费者签署了免责“更换条款”？记者致电其他相关专门店询问店员后发现，“更换条款”是中国大陆地区通用的条

---

① 新晚报．上万元的加拿大鹅问题一堆，却说中国大陆门店不得退货？网易 [EB/OL].（2021-12-02）. https://www.163.com/dy/article/GQ6F79PR05129BOL.html.

款，正常的实体店出售的商品是不能退的。毕竟，贾女士是现场看见了真实货物，并试穿后才付款购买的。事情真的到此为止了吗？显然不是的。

11 月 30 日，有关加拿大鹅规定中国大陆地区门店不得退货的条款登上微博热搜，阅读量 4 亿次，讨论 1.7 万条，并有 178 家媒体发布相关报道。

12 月 1 日，上海市消费者权益保护委员会约谈加拿大鹅关联公司希计（上海）商贸有限公司，要求其对中国大陆地区更换条款做详细说明。在巨大的舆论压力下，加拿大鹅关联公司希计（上海）商贸有限公司终于在事件发生的一个月后，即 12 月 1 日发布声明，就所谓的“中国大陆地区门店不得退货”的传言，做出澄清。声明中称，加拿大鹅严格遵守中国法律法规，执行退换货政策，全力保护消费者的权益。声明明确表示，中国大陆地区门店的退换条款第一条的确切含义是：在符合相关法律规定的情况下，所有中国大陆地区专门店售卖的产品可以退货退款。此外，声明还强调了，产品在交付后，若出现质量问题，符合加拿大鹅保修政策的，更可以享有终身材料和工艺保修服务。据悉，贾女士终于如愿在上海国金中心退货了。

加拿大鹅在国内消费者眼中一直是羽绒服界的“顶级品”，怎么会出现如此低劣的质量问题？并且，又怎么会有

“不同国界，双标歧视”的更换条款呢？到底是加拿大总公司的“店大欺客”，还是中国经销商的“双重标准”，企图推卸责任？对企业来说，这是“飞来横祸”还是企业“自取其祸”？

显然，从这一章开始，我们有必要对品牌危机发生的原因进行更深入的探讨，在对品牌危机类型的进一步梳理中，揭示这些危机对企业来说，是可控的还是不可控的事件，是可预测的还是不可预测的事件，是可预防的还是不可预防的事件……品牌危机带来的到底是什么后果？企业应如何应对？

飞来横祸

纵观历史上的各种危机事件，有一些是可控制的危机，如企业产品质量管理；而有些则是不可控制的危机，如新冠肺炎疫情，就是一种不可控的重大的世界级的危机；还有一些是可以辩解的危机，如按照行业标准进行合理解释，消除消费者可能因误解带来的危机；但也有一些则是不可辩解的危机，如企业发布虚假广告或故意误导消费者等行为。

通常，人们都会将一些毫无防备的、突发的，并有可能带来极大影响和伤害的事件，比喻为“飞来横祸”。类似本章开篇中所提到的“加拿大鹅”事件，对国内知名品牌来说，更是时有发生。

2018 年 10 月 21 日，网名为“科普医生博雅”的网友发帖披露，云南白药牙膏中含有止血功效的成分是处方药西药“氨甲环酸”，而非云南白药，这些所谓的防止牙龈出血、止血的“中药牙膏”其实都是在挂羊头卖狗肉，真正起作用的是西药“氨甲环酸”[①]。“科普医生博雅”对云南白药的质疑立即引来了公众对这款牙膏的关注与疑虑。从云南白药公司的网站上可见，该牙膏具有六大白药活血因子，且有活血、抑菌、止血、修复、抗炎及促进骨细胞生长的独特作用。显然，介绍中的“止血功臣”非白药莫属了。

面对公众如潮水般的质疑，云南白药集团股份有限公司随即做出了相关的说明。说明的主要内容如下：一是对关爱云南白药的广大消费者表示感谢；二是说明其所有成分均符合国家和国际相关通用规定，无违法添加成分，更未使用禁用成分；三是说明“氨甲环酸”是被广泛运用于功效型牙膏

① 成都商报．云南白药牙膏含有氨甲环酸 谁错了？央视网 [EB/OL].（2018-10-24）. http://jingji.cctv.com/2018/10/24/ARTINzGh2iK9StTfzDrV6AFj181024.shtml.

中的一种成分；四是云南白药牙膏是科研人员长期研究的成果，具有安全性和良好的功效，是可以很好地改善口腔亚健康状况的产品。

显然，云南白药和加拿大鹅所涉及的品牌危机是众多品牌危机中的一种。这种危机往往突然发生，并会迅速引发媒体广泛传播，且给消费者心理带来极大的不安与恐慌，进而影响消费者的行为。当然，人们不禁会问，在这种突发性危机中，企业是无辜的还是咎由自取？

自取其祸

显然，除了那些不可控的、可以辩解的危机外，还有很多本来是可控制的，却因“人为所致”，最后甚至变成企业不可辩解的危机事件。对此，学者们一致认为，造成这种危机的原因有两种：一是好大喜功，超出能力范围；二是诚信缺失，德不配位。

好大喜功

好大喜功，通常被认为是脱离个人或企业的实际能力，不顾现实条件盲目追求更高、更远的目标的行为。

最近，“海航破产事件”登上热搜，引来了众多叹息声，随后，有关海航领军人物陈峰于2016年在哈佛大学的演讲视频也被广泛流传。提起海航，许多人脑海中都会快速出现一些关键词，如民营航空的佼佼者、海航王国、中国国内唯一五星航空、拥有13家子航、中国民营企业500强……然而，随着海航版图的肆意扩张，海外投资过大，负债率不断攀升，内部管理出现混乱……，曾被陈峰认为不成问题的“负债问题”最终将海航推下了神坛，使海航走上了破产之路。

作为海航的领军人物，陈峰的个人能力是有目共睹的，但“成也萧何，败也萧何”。当年的陈峰可以率领海航缔造出一个“海航王国”，跻身“中国民营企业500强”，这足以证明其有着非凡的个人能力。然而，陈峰在2016年的哈佛演讲上所展示出的膨胀[①②]，则注定了他最终的下场。

因此，任何时代、任何时期、任何时候，在个人发展或企业经营中，既要“量力而行”，遵从事物客观发展的规律与明晰个人或组织的能力所限；又要“尽力而为”，尽可能地发挥人的主观能动性，尽心尽力，无怨无悔。就企业而言，企业能力可以说是由众多个体的知识、经验、智慧在特定组织环境中的集成与融合，最终形成“集体的智慧”，或

① 界面新闻．海航在海外掀起声势浩大品牌宣传 背后意图是什么？环球旅讯网[EB/OL].（2017-07-20）. https://www.traveldaily.cn/article/116022.

② 奇点聊财经．3年挥霍4000亿！哈佛口出狂言的“土豪”老板，如今咎由自取．网易[EB/OL].（2021-10-27）. https://www.163.com/dy/article/GNANHARC055229N1.html.

者说是企业的“核心竞争力”。一个企业的成功与否，很大程度上取决于对这些智慧或核心竞争力的有效运用。如果企业在日常经营中能“常反省、勤检查、严监督、立执行”，就能够防微杜渐，及时发现问题，及早排除隐患，避免企业陷入危机之中。

诚信缺失

诚信，被认为是市场经济活动中的道德准则，是品牌与消费者关系中的行为规范。尽管与诚信相关的法律条款所涵盖的范围极大，其内涵与外延具有一定的不确定性，但只要是正当、合法的企业行为都应受到法律的保护。对消费者来说，判断一个品牌诚信与否，应该从法律、道德和规则三个层面来看。换句话说，某个品牌的行为一旦触犯法律，则必定会受到法律惩罚，违法必究；某个品牌的行为一旦触及道德底线，也必定会受到社会舆论谴责，人人诛之。相比前两种情形，当某个品牌行为触及规则标准时，虽然也会引起争议，受到舆论谴责，但其改过自新的概率相对要更大些，这也是俚语中常说的“浪子回头金不换”的道理。

因此，无论是对个人还是对品牌来说，诚信都是最为珍贵的品德修养和无价的财富。一个失信于消费者、失信于社会的品牌很难在社会上长久立足，要重新建立消费者对品牌的信任，必将经历一个艰难挣扎、经济与心理成本难以量化的过程。

曾经将自己标榜为高端家具的达芬奇品牌，被消费者爆出“原产地造假”，一时间，该品牌涉嫌造假事件闹得沸沸扬扬，致使达芬奇在杭州等地的多个专卖店被查封，消费者用豪车堵门，要求退货，曾经“高大上”的达芬奇品牌似乎一夜间成了人人唾弃的垃圾品。在负面消息还未完全散去之际，来自中国家具协会理事长的一句话——“国际品牌可以有不同的生产地，只要标明产地即可”，更直白点说就是，“产品从中国出口，再进口到中国，只要符合法律规定，是可以的”——好似一石击起千层浪，这种说法让本已稍稍平息的事件再起“争议”。[①] 那么，这种给人“纯进口产品”感觉的、被称为“一日游”的保税区产品，真的合法吗？如果合法，合在哪儿？如果不合法，又错在哪儿？消费者是否有权利维护自己的权益？

2021 年 11 月 29 日，证监会的一份问询函，戳破了东莞床垫企业慕思股份的“假洋品牌”面纱。相信一提起慕思床垫，很多人就会想起在机场、高铁站、商场、道路旁的巨幅床垫广告，广告上面有一位叼着烟斗的洋老头，那么，这位

① 中国广播网．家具协会称达芬奇合法 律师：只要误导消费者就是违法．中国广播网 [EB/OL].（2011-07-19）. http://finance.cnr.cn/jjpl/201107/t20110719_508251130.shtml.

洋老头与慕思床垫到底是什么关系？一直以来，东莞床垫企业慕思股份通过各种宣传渠道，宣称自己“作为健康睡眠资源整合者，慕思聘请法国知名设计师 Moris 作为首席设计师，运用欧洲设计理念，创造性地将人体工程学和睡眠环境学融入寝具设计；同时联合比利时鲁汶大学人体工程学研究中心、亚太睡眠研究中心、意大利米兰工业设计研究中心三大研发基地，携手瑞士 DOC、德国米勒等数十家国际寝具供应商，共同打造贴合人体的智能化健康睡眠系统”。[①] 而广告上的“洋老头”也被很多人误以为是该床垫的设计师。事件真相大白的契机是慕思公司从 2020 年 9 月开始谋求上市，其招股书中显示，目前慕思床垫在国内市场占有率排名第一，2020 年营收近 45 亿元。来自证监会的一份问询函揭秘了这个挂着洋老头照片、大行其道了十几年的品牌，其实是个“假洋品牌”。这种借“洋老头”做形象代言人，又宣称自己公司是聘请法国知名设计师 Moris 作为首席设计师的行为，不得不说有“挂羊头卖狗肉”之嫌，更有欺骗消费者之嫌。

稻盛和夫曾说：“有才无德难免误入歧途，世上这样的人为数不少，我所在的实业界也一样，有些人唯利是图，一切以自我为中心，结果干起了违法舞弊的勾当。”[②] 这样的

① 中国经济网．慕思健康睡眠股份有限公司[EB/OL].（2014-03-09）. http://12365.ce.cn/wcrd2022/70442.html.

② 稻盛和夫. 活法［M］. 周庆玲，译. 北京：东方出版社，2005：7.

人或企业注定是走不远的，最终会自食其果。

显然，厘清品牌危机的发生到底是“飞来横祸”还是“自取其祸”，不仅有助于企业认清品牌危机的根源、防微杜渐，也有助于揭示其中隐含的规律与形成机制，为企业提供摆脱危机、转危为安、浴火重生的良策。

品牌危机的根源究竟如何?

品牌危机到底是“飞来横祸”还是“自取其祸”，取决于对危机根源的解释。对消费者而言，某个产品存有缺陷或对消费者而言具有危险性的成分是最令其关注的，这种具有产品伤害性的危机，虽然是偶然出现（或者是单一品牌才有，或者是全行业齐发），然而一旦被广泛宣传，就会引起消费者的极大恐慌，导致严重的品牌信任危机。因此，消费者急需了解和看清事件的缘由及真相。这里，主要探讨三种划分方式：一是从事物的本质上，可将品牌危机归因为引起危机的外因和内因；二是从法律的视角，可将品牌危机归因为可辩解的和不可辩解的；三是从消费者认知的角度，可将品牌危机归因为可控的和不可控的。

外因 vs 内因

从事物的本质来看，品牌危机产生的原因可以分为外因和内因。

（1）**外因**。一切事物都是与外界环境相互联系和相互影响的。这里，品牌危机更多的是受到外在环境，如政策新规、媒体报道、竞争者行为（无意牵连或恶意中伤）等的影响所引发的品牌在消费者心中形象受损、出现信任危机的情况。

（2）**内因**。一切事物内部的各个要素之间都是互相关联的。这里，品牌危机更多的可能是由企业自身经营不善、不够自律、战略失误、价值观变化、价值主张改变等引发的品牌经营失误、道德失位、形象受损、信任危机。

可辩解 vs 不可辩解

从法律的视角来看，品牌危机产生的原因可以分为可辩解的和不可辩解的。

（1）**可辩解型产品伤害危机**，即公司可以在媒体或法庭上澄清，证实产品是无害的、没有缺陷的，其主要的依据可以是政策规定、行业行规、约定俗成、企业自身经营中不可抗力或不可控制的因素等。

（2）**不可辩解型产品伤害危机**，即公司无法澄清和证实产品是无害的、没有缺陷的，产品面临召回甚至退出市场的后果，公司可能遭受大量民事诉讼。[①②] 对于不可辩解的危机，我们又可以从企业能力和企业道德或价值主张方面进行进一步探讨。

这里，可辩解型和不可辩解型划分的主要依据是：产品缺陷是否违反相关产品法规和安全标准。由于产品伤害危机具有突发性、不确定性、紧迫性、破坏性、隐蔽性、扩散性等特征[③]，产品伤害危机对消费者和企业来讲，都具有严重的损害性，而产品的缺陷或安全隐患，对人身与财产安全造成的伤害，自然地又会受到媒体和社会更多的关注，从而引起更广泛的传播。

可控 vs 不可控

从消费者认知的视角来看，品牌危机产生的原因可以分为可控的和不可控的。

（1）**可控**是指事物的发展应该是在人们能够预测和把握

---

①Smith Larry. Media strategies in product liability crises [J]. Of counsel，2003，22 (9)：6.

②方正. 产品伤害危机的概念、分类与应对方式研究 [J]. 生产力研究，2007(04)：63-65.

③余明阳，张慧彬. 危机管理战略 [M]. 北京：清华大学出版社，北京交通大学出版社，2009.

的范围内。从消费者的角度看，企业文化的建设、经营理念的确定、价值主张的制定、产品与服务质量的控制、内部员工的管理、企业代言人的甄别与筛选、企业内部权力的平衡等，都应该是企业可以控制的内部要素，企业通过自身的“修炼”完全可以避免由此类要素导致的各种危机。对于这类因素所引发的企业危机，消费者“很难同情”“很难理解”“很难包容”“很难原谅”。

（2）**不可控**是指事物的发展不以人的主观意志为转移，是外界不可抗拒的力量和变数，如自然灾害、政府行为、社会变迁、技术变革等。从消费者的角度看，这些不可控的要素与力量所导致的企业经营不善、企业形象受损、企业信任危机是“可以同情”“可以理解”甚至是“可以原谅”的。

在 2008 年的“三聚氰胺”事件中，涉事企业的产品出现了较严重的质量问题，该危机的突发性、紧迫性、破坏性、扩散性都很明显，并且受到了媒体和社会各界的广泛关注。显然，从法律角度来看，这次行业危机是由“不可辩解”的原因引发的；从消费者归因的角度来看，这次危机表面上是众多企业“产品质量和生产流程管理不当”的可控因素导致的，实则是由企业群体“道德缺失”“社会责任缺位”的深层、可控因素引发的。

如果将内因和外因、可辩解和不可辩解、可控和不可控做多维尺度分析，可以得到图 3-1。根据它们之间所构成的关系，我们分别给它们命名为“成长之过”“无心之过”“无预之过”“性恶之过”，详见图 3-1。

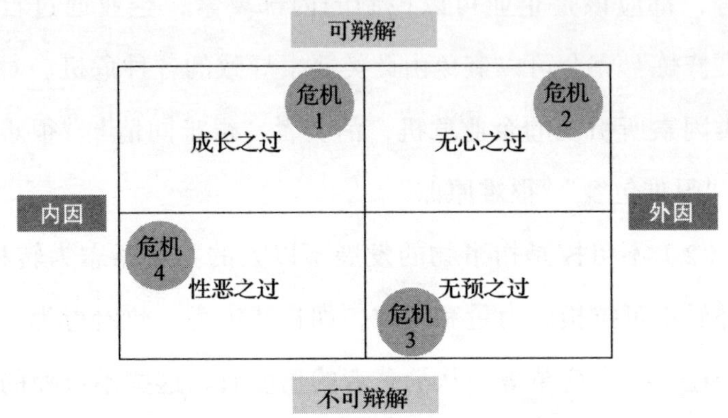

图 3-1 品牌危机“之过”示意图

注：红色圆圈的面积大小表示可控程度。

成长之过可以理解为企业在其成长和发展过程中，由自身原因导致的可辩解型的危机，这类危机往往会对企业造成“暂时的”或“一过性的”信誉和形象的冲击与挑战，随着企业根据法规、法令、行业规则等作出说明，各种“误解”或“概念混淆”被澄清，以及企业对自身问题的“重视与完善”，如元气森林的“0 糖”到“0 蔗糖”主张的修正，企业逐渐获得消费者的理解，危机也慢慢消除，最终摆脱危机的影响。

无心之过可以理解为企业在其发展过程中，因外在原因导致的虽可辩解，但仍“躺着中枪”的危机。同样地，随着企业根据法规、法令、行业规则等作出说明，各种“误解”或“概念混淆”被澄清，如原材料涨价带来的产品提价风波，或者行业标准的重新制定，使一些企业的产品与新规定“不符”等情况，这种危机通过恰当的解释与说明，很快就能够得到公众的理解和谅解，并逐渐摆脱危机的困扰，重新走上企业发展之路。

无预之过可以理解为企业缺乏对市场及时、准确和有效的判断，如因国家政策调整引发的产业收缩，致使企业陷入危机之中（如国家对教育行业的“双减”政策，导致的对教培行业的冲击；国家“限购摇号”政策的出台，对汽车行业的影响；由于天气原因，货物在运输过程中变质或受损；等等）。当然，无预之过中更有企业因缺乏对市场和消费者的“敬畏之心”，通过“信息不对称”或“虚假广告”误导消费者，从而引发品牌危机，致使企业陷入极为被动的境地。

性恶之过从字面上就可以理解为这种危机应该是“咎由自取”“罪责难逃”，不仅消费者对发生这种危机的企业不能原谅，社会也不会容忍其逍遥法外，等待它的只有法律和正义的惩罚，如书中一再提到的“三聚氰胺”事件中的三鹿，最终以破产整顿告终。

毫无疑问，无论上述哪种原因引发的危机，它们都有以下共同的特征：

（1）量变到质变。危机的发生有一个量变到质变的过程。危机发生时，虽然给人的感觉非常突然，但实质上，在“突变”发生之前，由于企业内部管理或者外部环境的变化，危机已经潜伏存在。

（2）质变或即将质变。危机是即将发生质变和已经发生质变但未稳定的状态，而且是发生着剧烈变化，而非稳定运行的状态，这种剧烈的变化使事物处于无序、混乱、失控和紧张的状态中。

（3）可导致灾难性后果。危机事件如果处理不当会给企业带来灾难性的后果，威胁到企业的基本价值或高度优先目标。

因此，危机作为一种非正常状态的“预警”，既需企业“第一时间快速反应”，在时间紧迫，人力、财力、物力资源缺乏和信息不充分的情况下，机敏、灵活地进行决策和处理；又需企业具有“长期的居安思危”的危机意识。

谨慎自律，向光前行

子曰："危者，安其位者也；亡者，保其存者也；乱者，有其治者也。是故君子安而不忘危，存而不忘亡，治而不忘乱，是以身安而国家可保也。"换句话说，若凡事都能自始至终地保持畏惧谨慎，便可转危为安、逢凶化吉、否极泰来。

对企业来说，危机总是难以避免的，如何将"危"变为"机"始终是决策者需要面对的关键问题。我认为，决定企业"转危为安，长久不衰"的核心，可以归结为以下十六字真言，即"心存善念，精益求精，敬畏生灵，向光前行"。

心存善念

它应该被看作企业最初的"发愿和本心"，即企业决策者在创建品牌初期就应有的一种"发愿和本心"，正如市场营销的本质所强调的，企业要在满足客户需要的过程中，不断地为客户创造价值、传递价值。这是对消费者，也是对企业生存与发展负责的哲学和理念。换句话说，它也是企业必须坚守的一种“思维方式”。稻盛和夫在《活法》一书中提到，一个人能拥有更美好、更幸福的人生和工作的方程式①：

人生、工作的结果＝思维方式 × 热情 × 能力

他认为，一个人的能力或者说是才能、智商多半是先天的资质，而热情则是工作的干劲和努力的程度，这往往是后天的要素，可以由自己的意志掌控。思维方式则是人生的态度，人生的哲学、理念和思想。一个具有正确思维方式的人总是积极向上、有建设性、有感恩心、有协调性、善于与人共事、性格开朗、对事物持肯定态度、充满善意、有同情心、有关爱心、勤奋、知足、不自私、无贪欲的。那些违法、违规的精英们，多是有出色的才干，有热情和使命感的人，他们付出的努力也在常人之上。然而，他们的思维方式，即人生的哲学、理念和思想扭曲了，没有走上正道，最终不仅给社会带来了严重的损害，也给自己套上了绞索。

精益求精

精益求精、追求完美需要恒心与毅力。对企业而言，为

① 稻盛和夫. 活法［M］. 周庆玲，译. 北京：东方出版社，2005：13.

消费者提供优质的产品和服务是企业始终坚持和真诚奉献的“初心”，无论何时都不应动摇。但可能会有人说，拼多多的价值主张就是“拼得多，便宜多”，便宜有好货吗？便宜的产品还需要精益求精、追求完美吗？想必，有这些疑虑的人不在少数。的确，不可否认的是，对消费者而言，感知不等于事实。因为，作为个体的消费者，他总是会通过个人的感觉、认知、体验或者观察他人的行为有选择性地进行主观判断，喜欢或者是不喜欢、认可或者是不认可、相信或者是不相信，这种主观判断难免有失偏颇。但作为企业必须清楚，这里所讲的精益求精、追求完美是有前提条件的，即它必须是在满足目标消费者需求、为目标消费者创造价值和传递价值的过程中“用尽心力，追求完美”。为此，企业需要对目标消费者悉心洞察与精准把握，为目标消费者提供有品质、有个性、有差别、有独特优势的产品，要做到这点，就必须有恒心与毅力。

敬畏生灵

从字面上看，敬畏有敬重和畏惧之意。万物皆有灵性，人类需要与万物平等相待，和平共处，共建和谐美好的绿色家园。中国的佛教强调慈悲精神，无缘大慈，同体大悲，在爱惜自己生命的同时，也要能给予他人、他物以及自然界的一切关怀和保护，承担起社会责任，树立绿色环保意识，秉承绿色营销的理念，以更加开阔的心胸、包容的情怀和强烈的使命感去经营品牌，回馈社会。

向光前行

光，是划破沉寂黑暗的利剑；是照亮前行方向的能源；是驱散心中阴霾的力量。有光的地方，就有善缘；有光的地方，就有希望；有光的地方，就有未来。当社会上一些“唯利是图”“道德沦丧”“同流合污”的人还在肆意妄为时，当社会某些领域显现出“劣币驱逐良币”的端倪时，那些能够“逆境不屈”“挺身而出”“伸张正义”“有社会责任感”的品牌，更令人钦佩和颂扬。

任何品牌在其发展过程中，都会面临各种各样的危难险境，能否解决这些危机的关键在于企业是否有一套完备的预警与反应系统，能否在不确定的环境中，确保企业在正确的价值观指引下，有预见、有胆识、有判断力地“避险礁、破风浪”，突破险境，化险为夷。在品牌面临全行业危机的时候，企业除了痛心疾首、协助清理、遏制蔓延外，更需保持“意志坚定、无惧艰难、同心协力、勇往直前、向光前行、共创未来”的决心与勇气。

接下来，就让我们来看看危机中各个品牌的真实表现吧。

本章小结

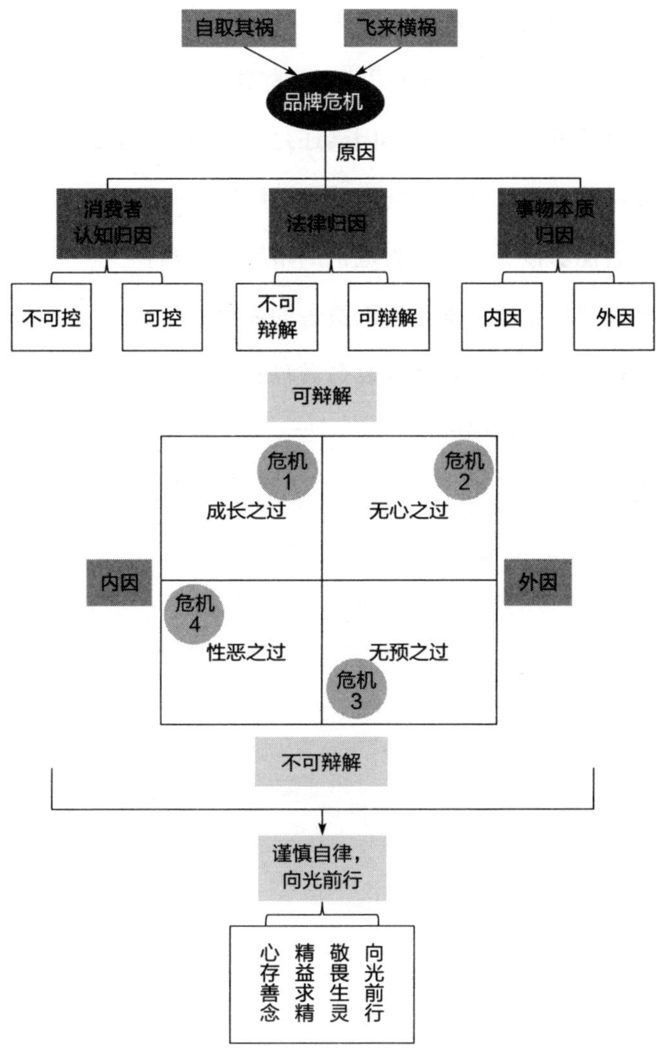

图 3-2 本章内容逻辑示意图

品牌的自我诊断

1. 我的品牌深陷“危机”中了吗？

2. 只有我的品牌陷入“危机”，还是有其他同类品牌也在其中？

3. 我的品牌发生危机是外部因素还是内部因素导致的？

4. 发生品牌危机，我可以向消费者辩解说明吗？

5. 消费者能够接受我对品牌危机的辩解说明吗？

6. 我该做些什么才能够获得消费者的谅解？

7. 我可以借助外力为自己恢复名誉吗？

8. 我能够自证清白吗？

9. 我需要反省吗？

第四章

危机的“跌宕起伏”

某天你发现，知名品牌A被媒体曝光，其旗下的产品存在严重的质量缺陷，有可能伤害到正在使用该产品的消费者。作为消费者的你和你周围的人们会有哪些心理波动？又会有什么反应？作为品牌A的决策者们会经历怎样的心路历程？又会付诸何种行动？作为品牌A的竞争品牌B、C、D等又会如何表现？跟踪后续媒体报道时你又发现，品牌A问题的曝光只不过是品牌危机的一个开始，更多品牌被卷入其中，纷纷被曝出类似问题，其中就有品牌B和品牌C。于是你开始怀疑，这会不会是个行业问题？品牌D难道没问题吗？

针对品牌危机，学者斯蒂文·芬克（Steven Fink）曾在1986年提出一个四阶段生命周期模型①，他认为品牌危机会历经四个发展阶段，分别为：潜伏期，有线索显示潜在的危机可能发生；爆发期，具有伤害性的事件发生并引发危机；蔓延期，危机的影响持续，同时也是企业努力解决危机的时期；解决期，危机事件已经解决，企业试图重建与消费者之间的信任。在此，我们将借用这四个阶段的划分，剖析一下在危机发展的不同阶段里，消费者、危机品牌、竞争品牌等多方的心理和表现。

大幕已经拉开，让我们看看各路“豪杰”如何登场表现吧！

---

①Fink S. Crisis management：planning for the inevitable[M]. New York：AMACOM，1986.

潜伏期的“暗流涌动”

“听说品牌 A 有质量问题了！我可是刚买了它的产品！幸好还没用，赶紧拿去退货！”

“听说品牌 A 有质量问题了！我刚刚还在用它的产品，不会吧？赶紧要求赔偿！”

“你听说了吗？刚刚有媒体曝光了品牌 A 的产品质量问题！”“真的假的？不会吧……”

“你听说了吗？刚刚有媒体曝光了品牌 A 的产品质量问题！幸好我没买过它的产品。”

“现在网上到处都在讨论有关品牌 A、B、C 的产品质量问题！不知是否还有更多的品牌有同样的问题，唉，宁可信其有，不可信其无，以后一定要小心购买了。”

“算了，别买了，别买了，看看有没有其他可以替代的产品或品牌吧。”

……

消费者画像

初闻媒体对品牌 A，甚至品牌 B、C 的相关报道，消费者的反应必是多种多样的。上面列举的这些心理活动中，是不是某一项或某几项也说中了你的心声？它们虽不能囊括所有消费者可能给出的反应，但也能够在很大程度上反映出消费者在面对突发的品牌危机时所产生的惊诧、犹豫、疑惑、愤怒等不同的情绪。

根据行为心理学中经典的“刺激 – 反应”理论，品牌危机事件可以看作对消费者个体的一种外界刺激，当消费者接受到这种刺激后，必然会产生某种反应。然而，对于不同的个体，其反应可能千差万别，主要原因在于不同消费者与危机品牌之间的关系迥异。有些消费者购买过而且正在使用品牌 A 的产品，他们是品牌 A 的现有用户，显然，品牌危机直接触及其自身利益，使他们身处危机事件旋涡的中心，成为品牌危机的“受害者”；有些消费者则购买过或者使用过品牌 A 的产品，但危机发生时他们已不拥有相关产品，他们是品牌 A 曾经的用户，目前曝出的品牌危机并不触及其现实利益，他们也没有处在危机事件的中心位置，但他们却是靠近危机事件的一群人，成为品牌危机的“关联者”；还有一些消费者从没购买或使用过，但考虑过或正在考虑购买品牌 A 的产品，他们与品牌 A 关联很弱，他们是品牌危机的“观望者”；还有一些消费者既没购买或使用过，也从未考虑过购买品牌A的产品，与品牌A几乎没有任何关联，他们是品牌危机的“局外者”，详见图4-1。

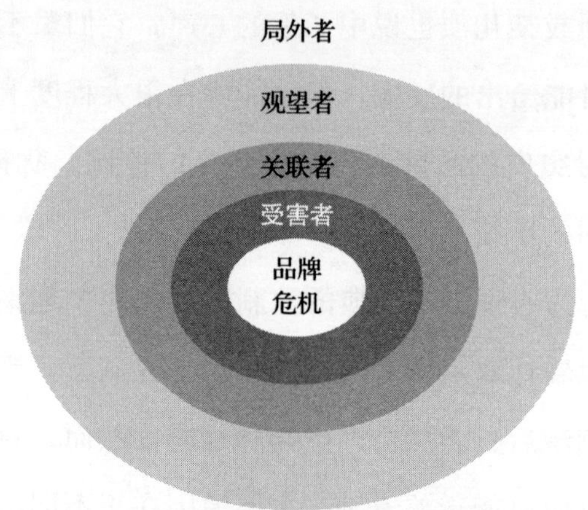

图4-1 品牌危机中的消费者画像

（1）**受害者**。例如，消费者小王正在使用品牌A的产品，今天看到媒体曝光了品牌A的产品有问题，小王气炸了！品牌A竟然这样？我的产品还能不能用了？继续用会不会出问题？要是不用了，那我白买了！这产品怎么处理？不行，品牌A得赔钱！赔偿我的损失！

在所有消费者中，品牌危机的受害者，即正在使用危机品牌相关产品的消费者，在品牌危机发生后做出“强烈反应”的状况是最为常见的。由于自身利益直接受到威胁（即使消费者利益没有受到现实的侵害，他们也会有利益受损的感知），受害者可能会产生错愕、难过、悲伤、愤怒、担忧、焦虑等负面情绪，继而在理性思考或情感推动或两者兼而有之的促进下，采取一些被动或主动的行为，包括拒绝继续使用产品、不再重复购买、联系品牌售后、向相关机构投诉、传播品牌的负面口碑，等等。

消费者小李正在使用品牌A的产品，今天看到了媒体曝光品牌A的产品有问题，小李心想："这跟我印象中的品牌A可不一样啊，乱说吧？再等等看有没有确凿的证据。"

当然，并非所有受害者都会对危机品牌"落井下石"。对于小李这样"淡定"的消费者，品牌危机发生后，他们首先会产生怀疑，这是真的吗？没准儿品牌A是被竞争对手陷害了呢？在行动上，他们不一定有所表现，可能还和平常一样，正常使用相关产品，并留意危机的后续进展。

（2）**关联者**。例如，消费者小张曾经使用过品牌A的产品，今天看到了媒体曝光品牌A的产品有问题，小张感到有些后怕："我当时用的产品会不会也有问题？"但又有些庆幸："幸好我现在已经不用了。"

品牌危机的关联者是品牌曾经的用户，面对品牌危机，他们很可能像小张一样，对自己曾经的购买行为感到有些后悔，同时又庆幸自己已经与危机品牌“断绝”了关系。事实上，与观望者和局外者（不曾使用过品牌产品的消费者）相比，关联者本可以有更大的概率成为品牌未来的客户，然而品牌危机的发生大大降低了这种概率。由于关联者比观望者和局外者更加关注危机品牌，所以品牌危机很可能使关联者再次与品牌建立联系的可能性变得比后者更低。

（3）**观望者**。例如，消费者小赵正在考虑是否要购买品牌 A 的产品尝试一下，今天看到了媒体曝光品牌 A 的产品有问题，小赵一边感慨一边庆幸：“幸好还没买。”于是，小赵就放弃了购买品牌 A 产品的念头。

品牌危机的观望者本来很有可能做出购买行为，并与品牌建立联系。他们之所以还未付诸行动，很可能是缺少一点推动力，也或许是尚未被品牌完全说服。突发的品牌危机在他们身上最直接的表现就是掐断了他们与品牌之间本就微弱的联系。

（4）**局外者**。例如，消费者小孙从未考虑过购买或使用品牌 A 的产品，今天看到了媒体曝光品牌 A 的产品有问题，小孙想：“又有品牌出问题了，这些奸商，唉！”

对于从未跟品牌建立过实际联系的局外者，品牌危机只不过是日常众多新闻事件中的一个。有些局外者或许会像小孙一样，在心里默默地骂几句；有些局外者或许还会在网上跟风抱怨或辱骂该品牌；而更多的局外者则很可能无视相关新闻，事不关己，高高挂起，没有任何反应。

品牌危机发生后，消费者的反应除了存在个体差异外，还具有横向扩散和纵向迁移的特点。从横向来看，伴随着互联网和社交媒体的发展，个体消费者的情绪具有越来越强的传染性，传统市场环境中的“口口相传”也转变为指数级的“蔓延效应”。品牌危机发生后，消费者个体的强烈反应能够在很快的时间内发展成为一种社会舆论。从纵向来看，随着时间的推移和品牌危机事件的发展，消费者的反应也会不断演变。这些特征对危机品牌的应变和公关处理等能力都提出了更高的要求。有关消费者在危机中的心理反应与实际行为我们会在第八章详细论述。

品牌画像

当危机处于潜伏期时，一些品牌可能正在市场上高歌猛进，一些品牌可能正在奋起直追，还有一些可能正在伺机寻找机会，企图追上市场行情发展的浪潮。殊不知，部分品牌隐患已悄悄埋下，或者已被某些“挑剔的”消费者或媒体人盯上，并被其通过各种渠道将“产品缺陷、服务失败、夸大功效、信息误导，甚至行业潜规则”等问题曝光在众人眼前。这些问题逐渐引起大众的关注，并令这些昔日被消费者追捧或正在使用的品牌瞬间“现出了原形”。在此，我们将各个品牌按其在危机过程中的处境做一个简单划分，并分别给予相应的“标签”，如危机品牌、涉事品牌、涉嫌品牌、竞争品牌，后续我们还将分别对其各自的含义做进一步解释。当然，每个品牌的“标签”都会随着危机事态的进展而有所变化，详见图 4-2。

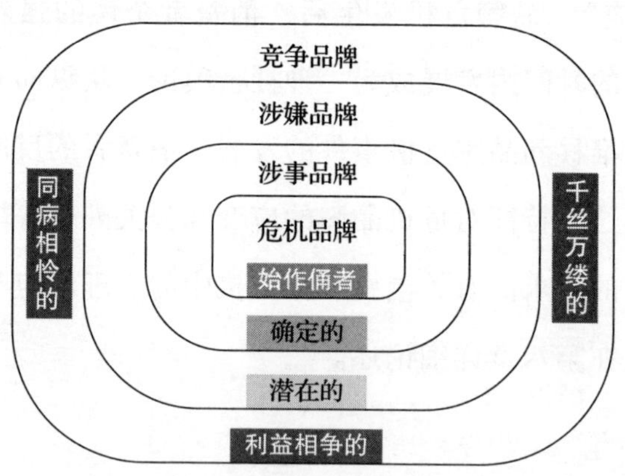

图 4-2　危机中的品牌画像

爆发期的“多方博弈”

随着越来越多的媒体曝光，某个品牌的问题完全暴露在公众的视野里，危机事件进一步发展，更多品牌涉入其中，危机全面进入爆发期。这时，无论是涉事品牌还是竞争品牌都很难平静了。不同身份的品牌扮演着不同的角色，它们反应不同，表现不同，结局也各不相同。

始作俑者“百般抵赖”

在每一次涉及众多品牌的危机的初期阶段，总会有第一个“被曝出的品牌”，如 2008 年 9 月“三聚氰胺”事件中的三鹿。作为始作俑者的三鹿，一开始就选择了一系列“神”操作，以为可以借此蒙混过关，但到头来却落得“自毁前程”的下场。起初，三鹿接到了一些消费者的投诉，但这并未引起三鹿的重视，甚至以送检“样品”未发现问题的话术来敷衍应对。接着，媒体对患儿的报道开始引起公众关注，此时，三鹿却选择了“保持沉默”，以为如此一来可以让舆论热点自然消失。[①]

涉事品牌“集体失声”

当危机逐渐蔓延开来，越来越多的品牌有可能也被卷入其中，难脱干系。例如，在2008年9月“三聚氰胺”事件中，当三鹿的问题奶粉被曝光后，知名乳制品品牌伊利、蒙牛、光明等都在暗自担心，唯恐媒体曝光将自身品牌带入危机中。此时，它们都在焦急地互相观望与等待，对它们来说，“保持沉默、静观事态”似乎是当下的最明智之举了。[②]那么，人们不禁会问：它们为什么会保持沉默、集体失声？到底是受什么样的心态驱使？又各自分属哪个派别？

（1）**清者自清派**。有些情况下，涉事品牌确实是“清白”的，它们自己很无辜，或是被媒体误报，或是被消费者误会，或是被竞争对手诬陷。它们应该做些什么呢？声势浩大地去澄清吗？这很有可能造成“反效果”，被别人指指点点，导致自身陷入“此地无银三百两”“越描越黑”的窘境。

---

① 新华网，中国青年报．三鹿事件真相：为保密三聚氰胺被称“A物质”．南海网[EB/OL].（2009-01-01）. http://www.hinews.cn/news/system/2009/01/01/010387271.shtml.

② 王雪芳，张红霞．全行业危机下沟通策略的选择与消费者信任重建[J]. 管理学报，2017, 14(9): 1362-1373.

此时，“沉默是金”被很多企业视为铁律，并坚信如果自己真的没有做错，那么时间会证明一切，没有证据的谣言会不攻自破。

（2）**息事宁人派**。不幸的是，涉事品牌真的可能有问题，媒体报道也是真实的。此时，涉事品牌最希望的一定是息事宁人。因为它们不希望事态扩大，让品牌成为人们议论的焦点，因为到那时，品牌就真的可能成为人们宣泄负面情绪的出气筒了。于是，它们不说话、不行动（至少在公众看来是这样的），又或者它们简单直接地否认自己有问题，消极应对危机事件，希望一切在悄无声息中随风而逝，默默祈祷能躲过这一劫。

（3）**预警失灵派**。当然，还有一种可能性就是涉事品牌自己都不知道自己有“危机”了！涉事品牌真的是后知后觉了。换句话说，危机事件虽然与其直接相关，但它不一定是第一个获悉品牌发生危机的主体。很多时候，涉事品牌与消费者一样，也是通过媒体等渠道得知自己深陷危机的。如果与相关消息擦肩而过，涉事品牌就会认为风平浪静、无事发生。在当今信息爆炸的时代，这种可能性也许更大了。因为媒体的受众群体高度细分和割裂，导致某一类媒体上的热门话题，很可能不为另一类媒体上的用户所知，更不用说关于品牌危机的零星报道了。很难说“无知”对于涉事品牌而言是幸运还是不幸，对于那些无须采取行动的状况，这也避免了其“画蛇添足”般的危机应对，但对于确需采取一些行动的状况而言，这可能使品牌错过危机处理的黄金时间，导致品牌未能及时对危机事件进行梳理、提前部署并采取某些可能有效的行动，以掌握一定的主动权。

涉嫌品牌“低调回避”

鉴于品牌既非“始作俑者”，亦非“涉事品牌”，身份未明的“疑似涉嫌”品牌此时保护自己的最佳策略就是“低调回避”。与涉事品牌的“集体失声”相似，涉嫌品牌也要谨言慎行，少说多做，尽可能提前斩断被卷入危机旋涡的“种种可能性”，使自己躲开公众的视线。在2008年的那场乳制品品牌危机中，一些国内知名品牌，如伊利、蒙牛、光明等都因担心自己被卷入危机之中，而采取了“集体失声”的手段。此时，另外的知名品牌，如三元、飞鹤，也在努力排除自己落入涉嫌名单的可能性。①②③

---

① 中国经济时报．“三元”为何能远离“三聚氰胺”．搜狐新闻网[EB/OL].(2008-09-24)．https://news.sohu.com/20080924/n259712809.shtml.

② 新华网．飞鹤乳业在美国股市逆势暴涨30%. 中国新闻网[EB/OL].(2008-09-17)．https://www.chinanews.com.cn/jk/xljk/news/2008/09-17/1384687.shtml.

③ 新华社．婴幼儿配方奶粉三聚氰胺专项检查阶段性检查结果．政府网[EB/OL].(2008-09-17)．http://www.gov.cn/jrzg/2008-09/17/content_1097138.htm.

竞争品牌“冷眼旁观”

对于平日里与涉事品牌在市场上你争我夺的竞争品牌来说，当危机来临时，可能又是另一番全然不同的景象。在这个阶段，这些“冷眼旁观”的竞争品牌可以分为三类：

（1）**利益相争的竞争品牌**。例如，2021 年 7 月，新浪微博某博主发文称，国内版梦龙（联合利华旗下品牌）冰淇淋产品的原料比欧洲版产品的原料要差，存在“双标”现象。该事件迅速引起大量讨论，大量网友愤怒地表示，他们不能忍受这种行为，不会再购买梦龙相关产品。一时间，梦龙陷入品牌危机。不存在此类问题、与之为直接竞争关系的其他品牌，尤其是那些只在中国市场售卖、坚持用优质原料的高端冰淇淋品牌，或许在窃喜吧，“或许还有机会抢占梦龙的市场份额呢”。

显然，危机发生后，竞争品牌最自然的反应莫过于“窃喜”了。作为与涉事品牌利益相争或利益冲突的一方，它们可能已经在庆祝对手的受挫甚至崩塌了，甚至互联网上那些辱骂涉事品牌的消费者留言说不定就有部分出自竞争品牌之手。在与涉事品牌为利益相争关系的品牌中，这些未涉事的竞争品牌或因严格自律、独善其身而免于危机之祸；或因危机预警系统完密而及时“止损”未受危机之困；或因名不见经传未引起广泛关注而被“忽略”。

总之，这些未受当下危机事件牵连的品牌都会暗自为自己能逃过一劫而窃喜。

（2）**同病相怜的竞争品牌**。例如，2015 年 9 月，美国环境保护署曝光德国大众集团“排放门”丑闻，指控大众集团利用软件在车检时造假，使平时行驶时排放超标尾气的汽车能够通过环保标准检查。[①] 随后，大众集团承认操纵了尾气排放数据，并因此事件受到高额处罚。事实上，操纵尾气排放数据是德国几大汽车巨头的普遍做法，大众“排放门”事件一出，德国汽车界一定是人人自危，戴姆勒、宝马、保时捷等品牌愁眉不展，为自己的命运担忧。下一个会不会就是我？什么时候轮到我？它们没有时间窃喜，因为头顶仍有一块随时可能砸落的巨石。当然，只要巨石还未落下，这些品牌还是会暂时舒一口气，或许还有一丝丝侥幸心理：说不定这场风暴在席卷到我之前就结束了呢？（事实上，戴姆勒、宝马、保时捷等品牌在之后也纷纷被卷入“排放门”事件，遭到处罚。[②③④]）

---

① 经济参考报．“排放门”揭秘：大众的失控与失信．人民网 [EB/OL].（2015-09-28）. http://finance.people.com.cn/n/2015/0928/c1004-27640505.html.

② 中国汽车报．大众集团掌门人遭指控！戴姆勒被罚 8.7 亿欧元！“排放门”阴云还未散．搜狐网 [EB/OL].（2019-09-25）. https://www.sohu.com/a/343341391_120044219.

③ 第一财经．天价罚单来了 大众和宝马因串谋被罚 67 亿元？新浪财经 [EB/OL].（2021-07-11）. https://finance.sina.com.cn/china/gncj/2021-07-11/doc-ikqciyzk4823760.shtml.

④ 证券日报．“排放门”再降 41 亿天价罚单 保时捷在华销量跌 10%. 网易财经 [EB/OL].（2019-05-14）. https://www.163.com/money/article/EF4EP54700258152.html.

当然，并非所有竞争品牌都会冷眼旁观。有些危机事件中所曝光的问题并不只存在于涉事品牌，很可能是行业中多个品牌的“通病”。对于存在同样问题但尚未被曝光的竞争品牌来说，涉事企业的倒下并非天上掉馅饼，因为下一个很可能就轮到自己了。此时的竞争品牌与涉事品牌一样忧虑，它们为自己的未来担心，虽然它们没有“窃喜”，但仍会庆幸自己免于此次灾祸。

（3）**千丝万缕的竞争品牌**。那些此前与涉事品牌有着千丝万缕联系的竞争品牌，它们的利益与涉事品牌的利益捆绑在一起，如与涉事企业有“合资关系”的外资品牌，涉事企业的上游供应商、下游客户，以及蹭涉事品牌“顺风车”的“山寨品牌”，它们都非常容易受到品牌危机负面溢出效应的波及。这时，这些品牌大多急于撇清与涉事品牌之间的关系，顺带为自己做一波宣传。毕竟，没有永恒的敌人，也没有永恒的朋友，只有永恒的利益。

蔓延期的“奋起自救”

品牌危机发展到蔓延期，就已经成为涉及多家企业的行业危机了。品牌危机所暴露出来的问题不再是个体化的，而是系统性的。处于这一阶段的品牌一定是感到害怕的，因为一旦被曝光存在这样或那样的问题，涉事品牌就会千夫所指，被消费者、公众、媒体、竞争对手、监管机构等多方围攻，这时，最好的选择就是“声明表态、承担责任”，以期获得公众的谅解，快速突围解困。

始作俑者“被迫认错”

随着危机愈演愈烈，媒体对事件的始作俑者展开全面攻势，甚至直接点名报道。例如，三鹿在最开始时，声称产品质量检测完全合格，并要求媒体撤稿。直到事态进一步恶化，三鹿才终于承认部分产品受到“三聚氰胺”的污染，但它却将责任推给向三鹿出售牛奶的奶农，认为是某些不法奶农连累了三鹿，致使三鹿替人受过。[①] 显然，三鹿这种试图通过“转移责难”来“逃避责任”的策略非但没有起到化解危机的作用，反而更加引起公愤。在危机后期，患儿病因被证实，三鹿奶粉全面下架，三鹿才被迫认错道歉，公开召回所有问题奶粉并协助救治患儿。[②③] 同时，三鹿通过公布犯罪嫌疑人名单和处罚结果并感谢公安部门的努力，再一次尝试“构建新议题”，转移公众视线。[④] 但是，由于三鹿的道歉、修正等策略都进行得不够及时，加之其在事件初期和事件发展阶段错误的沟通策略，给消费者留下了逃避责任、缺乏诚意的印象，因此造成了极为恶劣的影响，致使企业形象一落千丈。

涉事品牌“随声附和”

“三聚氰胺”事件中，当伊利、蒙牛、光明均有问题奶粉被查出后，在证据确凿、难以辩解的事实面前，它们均进

① 联商网．三鹿集团归罪“不法奶农”遭网民质疑．联商网 [EB/OL].（2008-09-12）. http://www.linkshop.com/news/200898308.shtml.

② 新闻晨报．三鹿集团承认奶粉受污染并召回．新浪网 [EB/OL].（2008-09-12）. http://news.sina.com.cn/c/2008-09-12/025314437527s.shtml.

③ 大洋网，广州日报．三鹿承诺不惜代价救治病患．新浪财经 [EB/OL].（2008-09-16）. http://finance.sina.com.cn/chanjing/b/20080916/09385307370.shtml.

④ 中国新闻网．三鹿集团公司发表致社会各界公开信（图）. 新浪网 [EB/OL].（2008-09-15）. http://news.sina.com.cn/c/2008-09-15/233216294468.shtml.

行了道歉和致意，并随即进行了产品召回，同时向有关部门递交质量安全承诺书，承诺将按照国家标准进行赔偿，并表示对由此造成疾患的消费者负责。[①]

涉嫌品牌“积极周旋”

此时，涉嫌品牌虽然仍“身份”未明，但已开始一改往日的“低调、回避、沉默”，积极地行动起来了，如积极地与相关部门或政府就相关政策规定进行沟通，积极参与新标准的制定或积极地提供建议意见等，以保证构建更加健康、稳定、和谐的竞争生态圈。

竞争品牌“争相表现”

那些暂时未被危机牵连的各类竞争品牌，此时会积极地采取有效的方式向公众或政府“示好”，甚至会以“品牌联盟”的形式，表达企业的立场和经营理念，重申企业“一切以消费者为中心”的理念，表示会始终如一地坚持“质量第一，信誉至上”的经营原则，以重新赢得公众对品牌乃至行业的理解与接受。

当然，如果品牌危机只涉及一家公司，那么这家公司必

---

① 搜狐财经．伊利、蒙牛等 21 家奶粉生产企业集体向社会承诺．搜狐财经 [EB/OL].（2008-09-20）. https://business.sohu.com/20080920/n259660504.shtml.

然会成为众矢之的，被社会各界围剿，被舆论声讨，成为消费者宣泄负面情绪的靶心。此时，只有那些能在第一时间迅速做出“致歉声明，勇于承担责任”的企业才有可能为自己的品牌挣得一丝喘息的机会，从公众和媒体的“围剿”中暂时脱逃。

在多品牌危机中，如果涉事品牌的数量较少，消费者能够比较容易地将涉事品牌与行业中的其他品牌区分开来，那么各方围剿将围绕涉事品牌展开，而且涉事品牌之间并不能互相分担外界的压力，它们将一道遭遇种种负面后果。随着涉事品牌数量的增加，消费者逐渐难以捋清到底哪些品牌有问题，哪些品牌没问题，此时，消费者和社会舆论的攻击在行业内将是无差别的。

对于消费者来说，有问题的是整个行业，而不是某个品牌。即使人们分得清某个品牌是否被曝光了，对该品牌来说也无济于事，因为消费者内心深处的想法或许是：你现在没被曝光，不代表你没问题，说不定只是暂时还没有被发现而已。在这种情况下，公众对行业中的任何一个品牌都不会有太多好感，社会舆论也可能发酵为对全行业甚至整个产业链各个环节的大讨论。而此时，消费者的选择也很简单，行动代表一切，他们会转去购买和使用替代品，直到涉事行业系统内部发生足以扭转乾坤的大事件。

因此，当危机范围扩大，成为系统性问题时，很难有品牌可以独善其身。同样，某一家企业单独的行为也几乎不可能解决任何问题。此时，众多品牌只有联合起来一起努力，共同行动，才有可能走出困境。然而，即使是在风平浪静的非危机时期，想让一个行业中互相竞争、利益冲突的企业携手合作都是一件非常困难的事情（只需看看我们身边发生的价格战和恶意竞争就知道了），更何况是在特殊的危急关头，各个企业都焦头烂额、自顾不暇，品牌联合更是难上加难。此时，作为权威组织的行业协会或许可以解决这一难题，至少它可以提供一个让各企业一同商讨对策的平台。如果行业协会对于行业内的企业具有约束力，它就能够在促进品牌协作、化解行业危机方面发挥更大的作用。

解决期的“尘埃落定”

行业协会的介入，有可能使不断蔓延的品牌危机得以缓解。随着行业协会对行业内部的整顿，危机会逐渐落下帷幕。但如果行业协会没有如此大的能量呢？在面临某种重大行业危机时，一个自身与某些潜规则纠缠不清，甚至本身组织建设还不健全、权威性也还有限的行业协会，也许很难实现对危机的有效响应。单一品牌的声势过于微弱，全行业的自发联合困难重重，此时只有更大的力量出现才能力挽狂澜，一锤定音。显然，这个更大的力量只能是政府机构，从某种程度上来说，政府是行业危机最适合的“解铃人”。只有在政府的主导下，以下难以由个别企业完成的任务才有可能实现：

（1）惩处涉事企业，维护消费者权益；

（2）制定行业规范，引导行业健康发展，避免类似问题再次发生；

（3）进行行业监管，重视事前预防，尽量减少事后补救的需求。

与前面各阶段品牌角色相对应，在解决期间，我们将会看到如下结局。

始作俑者受到“惩罚”

判断某一重大危机事件真的“尘埃落定”的标志性信号就是最初被曝出的始作俑者受到了法律的制裁，成为本次重大危机事件中的“替罪羊”。2008 年 10 月 9 日，国务院公布了《乳品质量安全监督管理条例》，由此，地方政府对三鹿企业及领导者作出了一系列的处理决定，随着三鹿最终被宣告破产，危机正式结束。

涉事品牌规范“整顿”

经过跌宕起伏的危机事件，涉事品牌在采取了积极回应、苦练内功、重塑形象等一系列绝地反击的措施后，即将进入规范整顿、重新发展的正常经营中。

涉嫌品牌澄清“身份”

显然，品牌危机“尘埃落定”之时，也是涉嫌品牌“身份澄清”之日。曾经被误解，或受某种歧视的“涉嫌品牌”，终于可以正大光明地亮明自己的身份，旗帜鲜明地宣扬企业的经营理念、宣传企业的品牌形象与产品了。

竞争品牌重归“秩序”

随着危机的结束，各竞争品牌又重新回归正常的经营秩序，并按照市场竞争的法则，优胜劣汰。

显然，任何单一力量都是孤掌难鸣的，只有幸存企业努力重建消费者信任，行业中的各方力量整合，政府力量主导完善监管，稳定并恢复市场，行业和行业中的企业才能更平稳地度过品牌危机的解决期。

试问，你的品牌是想伤痕累累地活下来，还是想在危机中戛然而止？你是否已具备绝地反击的“勇气与利器”呢？

本章小结

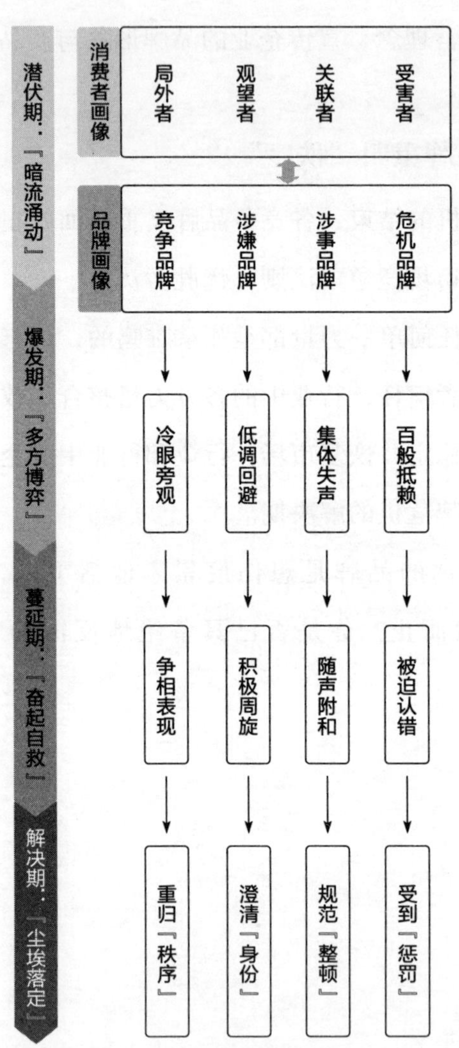

图 4-3　本章内容逻辑示意图

品牌的自我诊断

1. 你的品牌出现危机了吗？是，请跳到第 2 题；否，请跳到第 3 题。
2. 你的品牌目前处于危机发展的爆发期、蔓延期还是解决期？
3. 你的品牌目前处于危机发展的潜伏期吗？
4. 你的品牌有可能在什么方面出现问题？
5. 如果你的品牌出现问题，你们有哪些应对计划？

第五章

毁灭还是重生？危机企业的“绝地反击”

危机爆发后，企业应如何反应与应对？这无疑是企业生死攸关的时刻，是对企业能否“转危为机”的考验，更是事关企业“重生”还是“毁灭”的重大抉择。因此，深入洞察企业可以选择的“应对策略”，不仅有助于企业迅速摆脱危机困扰，及时找到“自救良策”，也有助于企业塑造新形象，树立良好的口碑，甚至能使整个行业“重生”。

随着企业供给主导的价值链向消费者需求主导的价值链转移，以消费者为主导的价值共创理念日益深入人心，对于当下出现的品牌危机的应对思路应与以往的“形象修复理论”“危机管理理论”有所区别，应该遵循“不回避、不推诿、诚恳面对，共创美好”的原则。为此，我们提出了基于消费者导向的危机“绝地反击策略”，以期最终实现和谐共赢的新局面。

幡然醒悟

幡然醒悟是指一个人的思想有很快的、彻底的转变。用当下流行的词说就是“顿悟”“领悟”“开悟”。然而，即便如此，危机品牌仍可能会有多种选择：一是直接否认，二是迅速回应，三是保持沉默，四是伺机行动。

直接否认

2008年“三聚氰胺”事件中，第一个被曝出问题奶粉的三鹿企业，在危机爆发初期，采用直接否认、抵赖、删帖，甚至嫁祸于人的手段，转移公众视线。①②③ 显然，采取这种选择的企业，无异于自毁前程。在当今大数据时代，信息越来越透明，企业想“一手遮天，蒙混过关”已越来越不容易。

迅速回应

与第一种选择不同的是，一些企业采取了迅速回应的策略。回想2017年，当海底捞被曝出“后厨卫生”负面新闻时，很多海底捞品牌的喜爱者一时难以接受，正当舆论还在“发酵”之时，也就是事件发生后仅3小时，海底捞管理层就在媒体上向公众发表了富有诚意的致歉信。在致歉信中，海底捞首先承认媒体所报道的“负面事件”属

---

① 东方早报．三鹿3月接到奶粉投诉 8月鉴定出三聚氰胺（图）．搜狐新闻 [EB/OL].（2008-09-13）. http://news.sohu.com/20080913/n259540987.shtml.

② 环球在线．三鹿称不法奶农掺三聚氰胺 警方正抓捕．人民网 [EB/OL].（2008-09-12）. http://covid-19.chinadaily.com.cn/hqzg/2008-09/12/content_7023772.htm.

③ 解放日报．切断非法删帖网络“污染源”．新浪科技网 [EB/OL].（2012-12-25）. http://tech.sina.com.cn/i/2012-12-25/10037920555.shtml.

实；其次，感谢媒体及公众对海底捞卫生的监督并帮助海底捞发现问题；再次，表示要承担相应的经济责任和法律责任；最后，提出会对相应门店进行整改，并希望得到公众的监督。紧接着，还是在当天，海底捞又向媒体公布了对涉事门店的处理通报，在承认所存在的问题的同时，公布了一系列整改措施，如组织相关部门立即进行排查；欢迎顾客、媒体朋友和管理部门前来监督；员工无须恐慌，只需要按制度要求整改并承担相应责任，主要责任由公司董事会承担……[①] 海底捞的这次危机公关，简言之就是“锅我来背，事我来担，错我来改，员工我来养”。海底捞这次迅速而又诚恳的危机公关，获得了网民普遍的肯定。

显然，企业能在第一时间幡然醒悟，迅速做出反应，并勇于承担责任和做出整改的“决定”与“承诺”，不仅可以帮助品牌在第一时间缓解消费者的焦虑，及时制止负面事件的扩散与蔓延，而且还能令品牌在第一时间赢得公众的谅解和支持，为品牌重新赢得正面的口碑。

当然，品牌能否在第一时间采取迅速而又诚恳的策略取决于以下条件：

第一，信息的真实性。面对信息来源的多元化和信息的

① 海底捞火锅．关于海底捞火锅北京劲松店、北京太阳宫店事件处理通报．新浪微博[EB/OL].（2017-08-25）. https://m.weibo.cn/1783178343/4144681597992045.

碎片化，品牌，尤其是知名品牌的一举一动时刻牵动着大众的神经，它们是大众关注的焦点，也是站在风口浪尖上的“迎风者”。知名品牌是粉丝心目中可以彰显自我价值的“标杆”，是可以躲避风险的“堡垒”，也是熠熠生辉的“灯塔”。无论是单一品牌还是行业多品牌，确定信息的真实性都是极为关键的。一旦出现负面信息，只要能够确定这些信息不是“空穴来风”、不是“恶意诽谤”，而是真实的、不可辩解的，那么就意味着企业没有推卸责任的“理由”或者可以与媒体周旋的“屏障”。这时，企业最明智的做法就是坦然面对，以诚相待，迅速回应，以求谅解。

第二，问题的可见性。通常，被媒体曝光的“问题”一定是能引起公众关注和热议的问题，更是会给品牌信誉带来影响的关键问题。例如，食品安全问题、餐饮卫生问题、产品标签标识问题、食品添加剂问题，等等。有些问题是消费者“亲眼目睹”就能辨别的，如蟑螂、腐烂变质的食材、不洁浴巾等，但有些则必须通过检验部门检验后才可以辨别出来，如瘦肉精、苏丹红、三聚氰胺等。因此，对于那些被曝光的“可见性问题”及无法被掩盖的既成事实，最明智的做法就是“认错、发声、再认错，再发声”！

第三，伤害的严重性。当然，对于被曝光的“可见性问题”，企业能否通过第一时间发声就“侥幸过关”还取决于问题对消费者造成的伤害程度，以及是否是“性恶之过，不可饶恕”。例如，餐饮卫生问题，酒店用品不洁、产品标识不清，不文明语言、服务流程不顺畅等带来的危机，通过整治、整改可使问题得到改善，且能迅速获得消费者的理解与同情。但对伤害严重的事件，如存在安全隐患使消费者生命受到威胁的危机事件，在第一时间迅速回应是有挑战性的。此时，是否在第一时间回应需要讲究策略。首先，企业需要给公众一种“不回避、不推卸”的态度，以诚恳的态度赢得理解，且保证沟通渠道畅通；其次，企业需要有“迅速查明事实真相”的行动，并能如实地在第一时间进行信息披露；最后，企业需要迅速进入补偿程序，与当事人或受害人就其能够获得的“经济补偿和精神安慰”进行协商，尽早达成和解。

显然，所有那些能在短时间内迅速修复、改善或补救的“成长之过”或“无心之过”的问题，企业都是应该且可以做到在第一时间迅速回应，并主动承担责任，博得消费者同情与理解的。

保持沉默

显然，上述两种选择通常是在“信息真实”“问题可见”“非性恶之过”时企业所做出的积极回应。然而，当发生危机的品牌不止一个，而是多个品牌时，“涉嫌品牌”是否也应“迅速回应”？答案似乎就没那么简单了。尤其是在事情原因或源头都还不甚明朗时，一些企业便抱着观望的态度，采取“保持沉默”的策略。正如当初三鹿品牌已成为媒体和众人关注的焦点，而其他有可能属于“涉嫌”的品牌，都采取了观望和沉默的态度。这是为什么呢？

我们团队曾在2008年“三聚氰胺”事件发生后，对主要乳制品品牌的营销主管进行了深入访谈，发现他们的担心主要是：第一时间发声会引火烧身，反而成为众人的出气筒，将自己推至危机的风口浪尖上。当整个行业都出现问题时，这个问题有可能是体制性的、系统性的，单独一家企业在消除行业危机隐患方面很难有作为。解铃还须系铃人。政府对行业的管理与安排、中央和地方政府的关系是行业危机里的关键因素，因此，由政府出面主导解决问题才是最关键的；如果政府没有出面，甚至事情的真相还未真正浮出水面，保持沉默和低调，也许是对品牌最有效的保护。

伺机行动

显然，这是一种更加谨慎、略显保守的选择。换句话说，它是尽可能地让自己的品牌远离大众的视野，如果可能，品牌会尽量切断公众对自己与危机品牌的某种“联想”，但它们仍保持着对当下正在发生和发展的危机事件的高度“警觉”，并寻找合适的机会采取必要的行动。这种策略，表面看来似乎与“保持沉默”一样，但实际上，它比简单地“保持沉默”稍微积极一些。例如，寻求与相关部门进行沟通的机会，了解相关的法规政策，以及政府或行业对原有规则或原有标准是否有新的举措等。

诚恳致歉

已有相当多的研究表明，当危机发生时，企业会在第一时间迅速做出“回应”，发表“致歉信”“致歉声明”，召开“致歉记者会”等方式是它们的不二之选。然而，企业的致歉回应，是否能得到公众的谅解，迅速扭转被动局面，往往又取决于以下方面：

（1）**言辞是否可信**。显然，在企业发给公众的“致歉信”中，其用词是否真诚、坦率、不推诿、勇担责任，对其能否获得消费者的同情与理解是非常重要的。当初，海底捞事件的致歉信可以概括为对“公关五部曲”的文字提炼与运用——承认错误、感谢监督、承担责任、立行整改、后续通报。很多网友都为海底捞的“锅我来背，事我来担，错我来改，员工我来养”的做法点赞。

（2）**形象是否可靠**。有时，当某个危机事件被曝出后，如果有必要，往往还会由企业“发言人”面对公众对事件进行必要的澄清、解释和说明。这时，考验企业的将不仅是发言人的用词是否朴实无华、坦诚可信，还考验着发言人在诸如外在形象、面部表情、语气声调、举手投足等方面是否能传递企业难过、自责、痛心的心情，是否能给人一种可靠、可信、有担当的感受。

（3）**行动是否可见**。判断企业致歉真诚与否，还要看其随后采取的修改或修正措施是否有说明、能落实、可追踪。例如，在海底捞的“厨房门”事件中，海底捞将整改电话、负责人等相关信息明确列在信中，便于公众查询、追踪。此外，海底捞还就持续整改的行动进行了连续通报，显示了企业“言行一致，行动落实”的决心。

修炼品牌

如果将危机爆发比喻为“火山喷发”，那么，孕育火山喷发的条件则是难以被人们观察到的“山体结构与山底运动”。此时，品牌需要向内审视，及时做出改变。

任何追求卓越的企业最终都离不开“质量制胜”这一关键环节。所有危机事件发生的根本原因也是“质量不实”。这里所说的质量不实，既有物理层面，也有心理层面。物理层面的“质量不实”往往可以通过“行业标准、专业机构认证”来评定；心理层面的“质量不实”则由消费者“心中的秤”来衡量。因此，当危机进入爆发期，并且引起广泛的社会关注时，就说明“产品质量出现了严重问题”，消费者已对企业的产品质量“非常不满意”了。这时，企业需要做的就是重新审视企业的质量控制与监控系统，完善质量管理体系，从内修做起，修炼品牌，苦练“内功”。

简单地说，品牌的内在修炼可以从显性到隐性、从有形到无形做起。显性的、有形的修炼可以从产品、服务、人员、物流等方面入手，即从提高质量、完善服务、培训员工、精细物流等方面保证品牌发展根基的强大与牢固；隐性和无形的修炼可以从企业的价值观、经营理念、企业愿景、价值主张等方面入手，即对从上至下的思想意识的“整顿与统一”、企业价值观的“反思与重塑”、品牌价值主张的重新审核等，坚持并贯彻“质量是企业的生命线”“以顾客利益为导向”的经营理念与经营方向。

俗话说，人有失足，马有失蹄。最优秀的企业也难免会“失误”或“犯错”，尤其是当企业被媒体或公众爆出“丑闻”后，更需要将“修炼品牌，苦练内功”提到议事日程上来。

完善制度

在前面的修炼品牌、苦练内功的基础上，企业还需要进行更加深入和彻底的向内审视，以及时做出改变，具体来说，有两大方向：完善制度、公益善行。

完善制度

显然，任何一个品牌危机的发生，都不是偶然的。当危机来临，品牌信誉受损时，企业除了要及时回应、保持与外界良好、畅通的沟通外，还需要重新审视企业的经营理念与原则，审核各项制度的贯彻与落实情况，以及各项流程是否完善与合理等。蒙牛作为乳制品行业的知名品牌，当其深陷“三聚氰胺”危机时，企业领导层迅速组成“危机事件应急小组”，重新审视企业经营理念，推动企业战略逐渐从“快速发展”向“给消费者一点点幸福”转变，为此，它开始不断完善企业责任制、加强内部流程的监督管理，做到责任到人、奖惩分明。从追求“规模上做大”到强调“品质上做好”，再到“形象上做实”，重新建立起消费者对品牌的信任。

公益善行

品牌危机频发，企业品牌形象受损，消费者对品牌丧失信心，往往就会引发公众对企业本质“到底是利己还是利他”的大辩论。一方会坚持认为一切企业都是“逐利的、利己的”，甚至将“人不为己，天诛地灭”的古训作为其观点的佐证。而另一方则会坚信，企业在发展过程中，会不断调整初心，兼顾利己和利他的原则，尤其是当企业越做越大，成为行业和消费者心目中的“标杆”后，在其被危机事件牵涉难以申辩时，更会成为“众矢之的”“口诛笔伐”的对象，这时，“利他”的意愿与行为，即取之于民、用之于民、回馈社会、回报社会必将是企业的不二选择。

正因如此，在危机“白热化”之际，公众和消费者往往会看到企业的各种“善举”，如公益捐赠、“善由”资助等。当初，乳制品行业处在“大危机”关头，明治乳业通过公益捐赠，将安全且质量检测合格的奶粉分发给弱势儿童。[1]同

① 青年报．明治乳业“安心·安全奶粉”呵护弱势儿童健康成长 [EB/OL].(2012-06-08)．http://app.why.com.cn/epaper/qnb/html/2012-06/08/content_60750.htm.

时也有相关企业与知名学术研究机构成立母婴营养研究中心，如澳优乳业与北大医学部成立研究中心等象征性措施[①]，这些都是企业为挽救自己、重塑品牌形象所做的努力。

① 新闻晚报．澳优与北大联合成立“母婴营养研究中心”．新浪网[EB/OL].（2012-03-31）. http://news.sina.com.cn/o/2012-03-31/131124206378.shtml.

重塑形象

如果说品牌修炼与完善制度强调的是企业要“练内功”，那么，品牌形象重塑，则是强调企业要从“心”沟通，真诚做好“外宣”，即要通过各种途径将企业“内功外宣”，要将品牌形象广泛地告知公众，获得公众和消费者的理解、支持与重新认可。

品牌形象是企业在公众心目中建立起来的具有人格特性、独立的印象。“小红书，是年轻人分享、学习生活的平台”“知乎，是满足年轻人求知欲的知识宝库”“星巴克，是提供社交与情感交流的第三空间”“强生，是呵护宝宝的、有爱心的品牌”……这些带有个性特征的描述，不仅勾勒出这些品牌的外在形象，也揭示了这些品牌所能够满足的人们某种内在的情感需求。

国内外学者都已就品牌的人格特性进行了广泛的研

究与归纳，其中最著名的当属美国学者珍妮弗·阿克尔的品牌“大五人格说”①，即真诚的、激情的、可靠的、有教养的、强壮的。在每个层级下又包含一些具体的表达内容。

刚刚提到的这些“品牌印象”，大多是企业根据“品牌的人格特性”，为公众塑造出来的视觉形象与心理形象，并最终以一种“共识”被消费者接受。当然，也有很多是曾经被一些机构或政府部门授予的优质品牌或消费者信得过的品牌“称号”，而这些耀眼的“称号”又会成为品牌广为传播或被消费者购买的强有力的“理由”。

然而，当品牌陷入危机的泥潭时，不仅消费者遭受到了严重的身心伤害，品牌自身的形象也严重受损，急需恢复与重新塑造。

从我们对2008年“三聚氰胺”行业危机事件的主要涉事品牌在危机爆发的蔓延期和解决期所进行的沟通策略可见，此时的涉事品牌最需要的是人们对其所做的一系列质量改进与提升的“知晓”与“理解”，详见表5-1。

---

①Aaker J L. Dimensions of brand personality [J]. Journal of Marketing Research，1997，34 (3): 347-356.

表 5-1 “三聚氰胺”中国乳制品污染事件中企业危机沟通策略分析汇总①

危机阶段	标志性事件	各企业的主要沟通策略汇总				阶段特征	结果
		三鹿	伊利	蒙牛	光明		
潜伏期（2008.3.15—2008.9.10）	3月患儿就医，“三聚氰胺”事件初露端倪	简单否认、逃避责任、隐瞒信息、私下回收、政府公关、不正当媒体公关	保持沉默、静观事态	保持沉默、静观事态	保持沉默、静观事态	个别企业出现产品伤害问题，尚未被曝光	个别企业掩盖事实，其他存在类似问题的企业沉默静观
爆发期（2008.9.11—2008.9.15）	9月11日，《东方早报》刊登《甘肃14名婴儿疑喝三鹿奶粉致肾病》的点名文章，“三聚氰胺”事件正式爆发	简单否认、转移责难、构建新议题；被迫道歉、补偿和召回	保持沉默、静观事态	保持沉默、静观事态	保持沉默、静观事态	个别企业的问题被曝光	行业博弈，个别企业问题严重，沟通不当，成为“替罪羊”，其他企业仍在沉默静观

① 王雪芳，张红霞. 全行业危机下沟通策略的选择与消费者信任重建［J］. 管理学报，2017，14（9）：1362-1373.

（续表）

危机阶段	标志性事件	各企业的主要沟通策略汇总				阶段特征	结果
		三鹿	伊利	蒙牛	光明		
蔓延期（2008.9.16—2008.10.8）	9月16日和18日，在对婴幼儿奶粉、液态奶的检查中，伊利、蒙牛、光明等品牌均有产品含有“三聚氰胺”，危机正式升级为全行业危机	—	承认并道歉、形式上致意、快速召回、补偿、提供信息、进行修正、强调正面形象	承认并道歉、形式上致意、快速召回、补偿、提供信息、进行修正、强调正面形象	承认并道歉、形式上致意、快速召回、补偿、提供信息、进行修正、强调正面形象	多个品牌相继涉事，单品牌危机成为全行业危机	“替罪羊”被处罚，其他涉事企业快速就危机进行沟通，努力化解危机、重建信任
解决期（2008.10.9—2009.1.22）	10月9日，温家宝签署国务院令，公布了《乳品质量安全监督管理条例》，“三聚氰胺”事件基本平息；2009年1月22日宣判	—	提供信息	改进与预防	强调正面形象	政府颁布相关条例规范市场	各幸存企业努力重建与消费者之间的信任，稳定并恢复市场

众所周知，即便危机警报暂时解除，重塑品牌形象也是一项长期工作。为此，我们又进一步通过在优酷、土豆等视频网站上进行搜索，收集了各乳制品品牌从事发至2013年的广告视频，共计50条，并基于质量、荣誉、明星、口碑、承诺、效果这六个乳制品广告中重塑形象的诉求点，对每条视频广告进行了编码，最终得出了表5-2的分析结果。通过对每个品牌的独立分析，我们发现有四家企业不约而同地将主要诉求点聚焦在质量上。同时，我们根据六个诉求点的内在联系，将它们进一步分为理性诉求和感性诉求两类，理性诉求包括质量、承诺和效果，感性诉求包括荣誉、明星和口碑。我们根据上述编码结果的算数平均值来衡量各企业在每个维度上的表现，平均值大于0.3则视为该企业较重视该诉求点，即该企业有超过1/3的广告中含有该诉求点，详见表5-2。

表5-2　四大品牌的广告沟通策略汇总[①]

品牌	理性诉求			感性诉求			企业策略
	质量（核心）	承诺	效果	荣誉	明星	口碑	
伊利	√	√	√		√	√	广告投入多而全面；感性、理性诉求均衡；重视明星、口碑和效果

① 王雪芳，张红霞．全行业危机下沟通策略的选择与消费者信任重建［J］．管理学报，2017，14（9）：1362-1373.

（续表）

品牌	理性诉求			感性诉求			企业策略
	质量（核心）	承诺	效果	荣誉	明星	口碑	
蒙牛	√	√	√	√	√		广告诉求较全面；感性、理性诉求较均衡，相对更重视理性诉求
光明	√	√	√				主要强调理性诉求；重视承诺
三元	√	√		√	√	√	广告诉求较全面；感性、理性诉求较均衡；重视荣誉

随着移动互联网的迅速发展，除了传统的“广而告之”外，还有哪些品牌形象重塑的途径呢？

新闻发布

显然，企业可以借助某个覆盖面广、信誉高、传播快的公共媒体，如今日头条，就有关企业新产品、新举措、新动态等进行发布，这不仅是企业对外宣传自己良好形象的途径，也是其与公众建立情感联结的有益尝试。

内容营销

内容营销是当下很多人津津乐道的一种沟通手段，但在危机正处在“发酵”甚至“白热化”的时期，内容营销绝不只是发个“企业告示”那么简单。它需要洞察人心、精心设计、情理兼备、巧妙实施。换句话说，内容营销讲究的是：主题与调性相融、内容与形式相配、图片与文字并茂，各个元素相互协调、相互助力、相互添彩，既不能“单纯自嗨”，也不能“缺乏新意”，否则只会被众多信息淹没。

社交互动

当下，很多企业都通过企业的社交网站或平台，试图与自己的消费者建立亲密关系。企业通过线上的品牌社区、或者是线下的品牌俱乐部与用户进行积极的互动。同样地，互动的前提是互惠，互惠是用户主动与企业互动的润滑剂，互惠需要找到用户需求的痛点。当然，痛点可以来自多方面。例如，来自个人层面的痛点，可以具体到产品功能、利益、情感、心理、社会等；来自个人与他人关系的痛点会体现在个人与他人的社会关系、情感关系、经济关系上，等等。危机当头，企业利用社交媒体与用户“互动”，就是既要能“以理服人”，更要能“以情感人”，最终化解误会，冰释前嫌。

实地考察

主动邀请有关部门、公众、媒体来企业“实地考察”，是越来越多处于危机中的企业的不二选择。尤如当年的一些乳制品公司，主动邀请顾客参观“现代化牧场”，考察饲料、喂养、挤奶、装罐、包装等一条龙生产线，并展示奶牛的生活环境——音乐催乳、沙滩浴、阳光浴……通过这种“眼见为实”的参观考察，消除顾客已有的误解，增进彼此间的了解，重塑正面积极的品牌形象。其中，伊利公司的开放日甚至促进了旅游景区的形成与专门旅游线路的开发。

亲身体验

一些高端汽车品牌在遭遇“刹车失灵”“内饰有毒”“阻尼材料不环保”等一系列问题时，会积极回应媒体和消费者的“投诉与曝光”，在及时纠正错误，加强对产品的设计及对安全隐患进行处理后，还主动邀请相关的消费者“来店考察、亲自试驾、深度体验”等，通过让好产品“自己说话”“为自己证言”来消除消费者的疑虑，增强消费者对品牌的信心。

寻求外援

品牌联盟

商场如战场，品牌之间无友谊，只有利益，似乎是不争的事实与铁律。然而，自然法则也同样揭示了各生物间能构成一种平衡、协调、共融的和谐生态圈。因此，为了共同的利益及未来的发展，品牌间的联盟与合作也是常常发生的。尤其是在关乎整个行业前途、命运的危急关头，品牌联盟不失为一种明智的选择。为了挽救中国乳制品行业不因“三聚氰胺”事件而全军覆没，以伊利、蒙牛、光明、圣元为主要代表的21家涉事品牌，在危机爆发后不到一个月的时间里组成了“品牌联盟”，向广大消费者发表了共同的“品牌声明”与“郑重承诺”，即承担相应的责任，严格生产，确保产品质量安全。此外，另外一些未涉事品牌（共计700多家），也分别向国家质检总局提交了质量承诺书，承诺严格遵守国家有关法律法规、诚信经营、严格产品把关，保证质量安全，承担社会责任，一旦发现产品缺陷立即召回，并承担相应的赔偿责任。

显然，这种“品牌联盟，统一发声”的做法对涉事品牌来说不仅是一种“自律”，更是对其自身的“监督”，同时也是品牌面对公众、面对消费者的一次“真诚和勇敢”的承诺，相信任何考虑长远发展利益的企业都不会轻易放弃这样一次重塑品牌形象的机会吧。

行业监管

俗话说得好，无规矩，不成方圆。任何行业为了维护本行业内企业的利益，保证其正常经营与发展都会制定相应的“自律规则”。其中，最主要的规则包括：遵守国家相应的法规政策，制定行规行约，提供优质规范服务，避免恶意竞争，服从行业协会的监督与管理。

当然，行业协会作为行业的监督机构能否服众，能否带领本行业走向良性有序的发展道路，取决于行业协会的“公平、公正，以及由此带来的权威性”。而一个协会有效的监督管理，主要取决于三个方面：一是对“领导人”的挑选，选择有品德、有公心，且有能力的领导人是行业协会高效持续发展的人力保证；二是组织架构的合理，合适的人员配置，防止任人唯亲是行业协会高效运转的组织保证；三是严格按法律法规、行规行约办事，以法治会是行业协会长久发展的制度保证。

之前农夫山泉在北京出现的“黑色悬浮物”事件，尽管农夫山泉通过召开记者发布会，与媒体和公众展开“标准之争”，然而，这场辩论并未赢得公众的理解与谅解。无奈之下，北京市桶装饮用水销售行业协会只好利用协会的“权威”，让农夫山泉停止了对各大水站的桶装水供应。[①②]显然，这一处罚决定，对保护消费者利益起到了决定性作用，但对涉事企业来说，则是悲哀与不幸的。

近年来，有关流量明星的各种负面信息铺天盖地而来，引发了人们对当下流量明星不当行为的“热议”与“谴责”，以及对中国娱乐界未来前途的担忧。为了整治娱乐界乱象，还公众一片纯洁的娱乐天地，中国演出行业协会联合微博、爱奇艺、腾讯视频、优酷、哔哩哔哩、咪咕视频、今日头条、抖音、快手、小红书等14家媒体平台共同发起了《构建清朗网络文化生态自律公约》，核心就是：积极与文娱企业联动配合，共同自律；反对“唯流量至上”；拒绝为违法失德人员提供展示平台；加强对文娱领域相关账号、评论、弹幕的管理，对发布含有“不当”内容的账号予以限

---

① 京华时报．北京桶装水销售协会通知下架农夫山泉桶装水．搜狐网 [EB/OL].（2013-05-03）. http://green.sohu.com/20130503/n374676877.shtml.

② 证券日报等．北京桶装水协会：我们没有资格让农夫山泉下架．观察者网 [EB/OL].（2013-05-09）. https://www.guancha.cn/society/2013_05_09_143376.shtml.

流、禁言、清理；完善网络平台公众投诉举报机制；加强行业自律协同。[①]

显然，行业自律是行业长期稳定、健康和谐及繁荣发展的“护身符”。因此，行业协会必须“该出手时就出手”！

---

① 央视新闻客户端．中国演出行业协会组织发起自律公约 微博、抖音等多平台将对严重违规账号实施联合惩戒．央视网 [EB/OL].（2021-09-11）. http://m.news.cctv.com/2021/09/11/ARTIKm3L8ysYsH9uLVgdZzbr210911.shtml.

配合政府

当负面事件已非个别品牌之事，而有可能是多个品牌，甚至是全行业的通病，并成为危害社会，伤及消费者利益的大事件时，单靠上述各种“绝地反击、重新崛起”的策略已难扭转局面，此时，最为快速和有力的手段可能就是“政府出面”了。不论是那些深陷危机的涉事品牌，还是处于危机边缘的竞争品牌，最妥当的选择就是“配合政府，规范生态”，营造健康和谐的营商环境。

2009 年 2 月 28 日，第十一届全国人民代表大会常务委员会第七次会议通过了《中华人民共和国食品安全法》（以下简称《食品安全法》）。随后，国务院进一步下发了对各部门工作的具体部署，旨在联手整治食品安全问题。在此法颁布后，各乳制品企业开始自觉学习贯彻《食品安全法》，配合政府展开了一系列自查、自纠的工作，以营造让百姓放心的绿色乳制品行业生态。正如前面品牌联盟一节中所述，在《食品安全法》颁布后，无论是涉事品牌还是非涉事品牌都积极配合政府的决定，发布了“品牌承诺书”，表达了品牌配合政府、重整行业风气、重塑形象、重赢消费者信任的决心与勇气。

随着危机行业中“替罪羊”被整顿、整治、停产直至破产，整个行业的危机也似乎暂时进入结束期。由此可见，在处理危机事件，尤其是行业重大危机事件时，政府政策对企业的威慑力是显而易见、不容忽视的。

迎接监督

社会监督，可以理解为社会依据《中华人民共和国宪法》及其他相关法律赋予的权利，对企业的一切行为进行监督。这里可以分为公民监督和舆论监督。无论企业是自愿还是非自愿，社会监督都是危机中的企业必须面对的。因此，无论是危机品牌还是其他竞争品牌都应敞开胸怀，迎接监督，坦诚面对公众。主动接受社会监督的企业，必将会是那些能从危机中迅速地“重新站立起来，并且能够走得远，走得好的企业”；反之，则必定会自毁前程，自行灭亡。

通常，主动向社会发出监督邀请的企业都会采取以下措施：

- 积极配合相关部门调查；
- 主动公布事态发展状况；

- 公布相应的监督电话、联系人；
- 向社会发出“实地考察”的邀请；
- 开通投诉热线，建立反馈网站与信箱等。

当然，这些措施实施的效果，最终取决于多方面的因素，如企业“决策层”对事件的态度，相应负责人的责任心、执行力，内部与外部信息交流的畅通性，危机事件善后应急处置系统的完整性，等等。如果这些方面出现问题，那么社会监督就会形同虚设，企业最终也会失去民心。

至此，我们提出了一套基于消费者导向的危机“绝地反击”策略，我们将这些策略划分为：向内和向外，完善自我和寻求外援两个维度。如图 5-1 所示，它揭示了企业在危机中所采取的“绝地反击”策略。

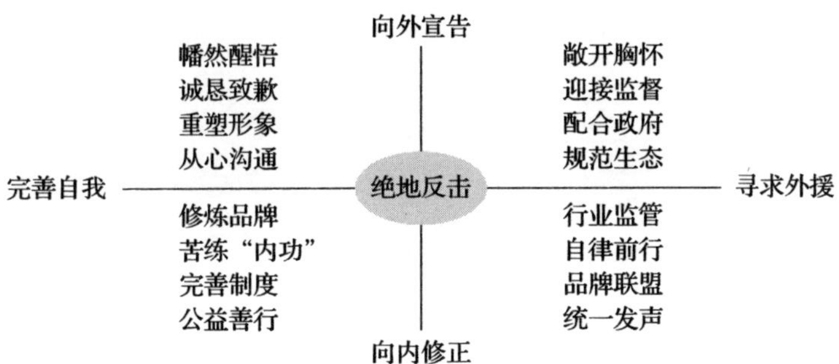

图 5-1 基于消费者导向的“绝对反击”策略

相信通过这样的“绝地反击”策略，涉事品牌能够快速脱离困境，走出危机泥潭。

事已至此，危机品牌是否就可“高枕无忧”了？决定这些“反击策略”成功与否的关键是什么？请看下一章的分析。

本章小结

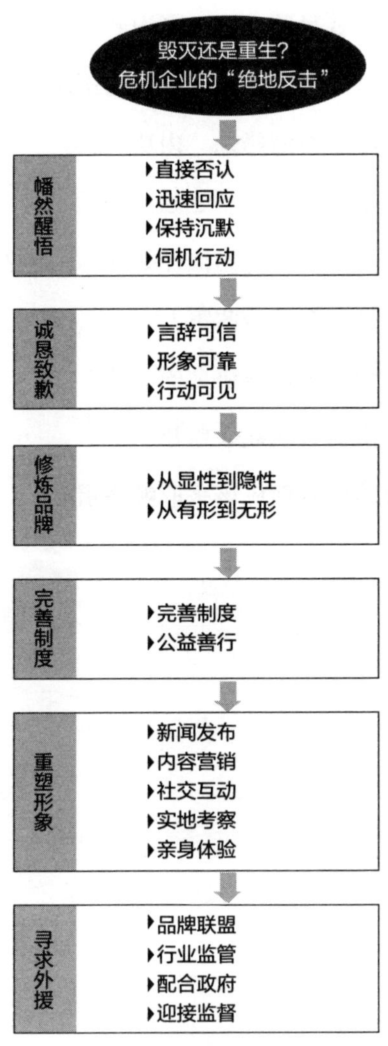

图 5-2 本章内容逻辑示意图

品牌的自我诊断

1. 当危机来临时，我品牌是否已意识到自身的过错?

2. 我品牌是否应该采取第一时间回应的策略?

3. 我品牌应该在哪些方面修炼“内功”?

4. 重塑品牌形象是否是“当务之急”?

5. 在品牌联盟中，我品牌应扮演什么样的角色?

6. 我品牌应该如何配合政府政策?

7. 我品牌是否需要寻求行业协会的支持?

8. 我品牌是否应主动寻求社会监督?

9. 我品牌在社会监督方面应该采取哪些措施?

第六章

消费者在危机中的“反应”与“自救”

想象一下，你经常购买的一款知名的牛奶品牌被媒体爆出“添加了某种有害的物质，而且因这种有害物的添加已导致数名儿童死亡或多人受到严重伤害”，随着铺天盖地的信息在各种媒体上如雪片般袭来，你是否想要急迫地、更多地了解事实的真相？你是否曾怀疑媒体上各种信息的真实性？还是你只会被媒体牵着鼻子走？

真相如何？

整体而言，消费者会有三种渠道获知信息：一是品牌直接告知消费者个人，二是媒体间接报道的相关新闻，三是其他消费者传播的相关信息。

品牌告知

当品牌旗下的产品出现质量问题，直接影响到消费者的使用或危害到消费者的切身利益时，大多数负责任的品牌会直接联系受影响的消费者，并提供后续解决方案，如产品召回、维修退换、经济补偿等。通过这种直接渠道知晓品牌危机的都是与危机事件直接、密切相关的消费者，这些消费者数量相对较少，但他们获得的是第一手信息，最接近“真相”。

媒体报道

更多消费者则是通过媒体报道这一间接渠道“吃瓜”，在当今的数字时代，媒体在信息传播过程中扮演的角色更为重要，所起的作用更加突出。曾经，人们主要依赖报纸、杂志等纸质媒体，以及广播电视媒体等传统媒介获取信息。现如今，互联网等新媒体已经成为大多数消费者依赖的首要信息渠道。回忆一下 2003 年的“非典”，当时人们对疫情相关的信息是如何了解的呢？他们主要是通过电视节目、广播新闻、报纸和杂志。2020 年，新冠肺炎疫情暴发，人们是如何获悉相关信息的呢？毫无疑问，互联网是最主要的信息传播渠道。与 17 年前相比，在互联网的助力下，我们对疫情和疫情发展情况的了解更快速、更全面、更充分、更精准。然而，互联网在帮助人们了解信息的同时，也带来了一些弊端。互联网上海量的信息中夹杂着不少谣言，不明真相、被谣言所惑的人们有的产生恐慌情绪，有的正常生活被扰乱，更有甚者身体健康和财产安全都受到了威胁。

现如今，我们每天从媒体上接触到的信息极其庞杂，普通消费者的时间、精力有限，他们更多是利用碎片化时间快速浏览信息，微博和短视频应用的兴起和流行就印证了这一现象。因此，你会发现，互联网上的信息从标题到内容越来越简短，越来越突出重点。与此同时，有一些媒体为了抓人眼球、完成 KPI，做“标题党”、断章取义。一些消费者为谣言所惑，深信不疑；另一些消费者当下不为所动，但三人成虎，他们很难完全不受影响。因此，当品牌危机发生时，消费者了解到什么，其认知和感受如何，很大程度上取决于媒体怎样报道。在消费者看来，品牌发声是出于维护自身利益的原始动机，而媒体则是独立的第三方，其报道相对客观公正，自然更加可信。然而，消费者从各种媒体上了解到的一定是品牌危机的真相（或者全部真相）吗？在数字时代，品牌的公共关系部门所面临的挑战比以往任何时候都更加艰巨。

消费者口口相传

如今，尽管人们几乎可以从互联网上获得任何信息，但不可否认的是，亲朋好友仍然是对我们影响最大的信息来源。传统的人际传播虽然效率低下，但效果显著。伴随着互联网与社交媒体的发展，通过新媒体开展的人际传播在效果不减的同时，其效率也大大提升。我们曾在课堂上做过一个非正式、小范围的调研，结果发现，在239位大学生中，几乎所有人都会在日常生活中通过微信朋友圈、微信群获取各种各样的信息并交换意见，40%左右的人甚至以微信朋友圈、微信群为获取信息的首要渠道。我们曾经以为，互联网的发展会减弱人际沟通的效果，使人与人之间的交流变少，但事实上，社交媒体的兴起使人际沟通更容易、更频繁，令信息以更迅速的方式在人群中传播。

无论从哪种渠道获悉品牌危机信息，消费者以为的真相一定是真相（或者全部的真相）吗？这可不一定，多数情况下，消费者会被牵着鼻子走。然而，即使消费者了解到了关于品牌危机的全部事实，无论信息来源是什么，品牌危机都是一种负面信息。已经有大量研究表明，负面信息对消费者的影响远远大于正面信息，这也是淘宝等互联网平台上的卖家特别惧怕差评的原因所在。因此，关于品牌危机，消费者了解到什么样的真相并不重要，重要的是，在消费者对品牌形成整体印象时，“品牌危机”这四个字中蕴含的负面信息就足以对消费者产生影响。

焦虑与不满

品牌危机必然会令消费者，尤其是正使用该品牌产品的消费者感到焦虑和不安，进而使其产生失望与不满的情绪。这种失望与不满会进一步使消费者对危机品牌产生多方面的负面印象，如产品质量感知、品牌购买意愿、品牌信任和品牌忠诚等方面的负面印象。曾有学者指出，当消费者不满时，可能有多种不同的反应，详见图 6-1。①

第一种反应是没有反应，即不采取行动，遵循沉默是金的原则。当然，消费者内心也许起了很大波澜，只是他人不得而知，在外界看来，消费者没有采取任何行动。无论心里怎么想，表面上，消费者是如此平静，一切都没有改变。

①DAY R L，LANDON E L. Toward a theory of consumer complaint behavior [M] //WOODSIDE A G，SHETH J N，BENNET P D. Consumer and industrial buying behavior. New York：North-Holland，1977.

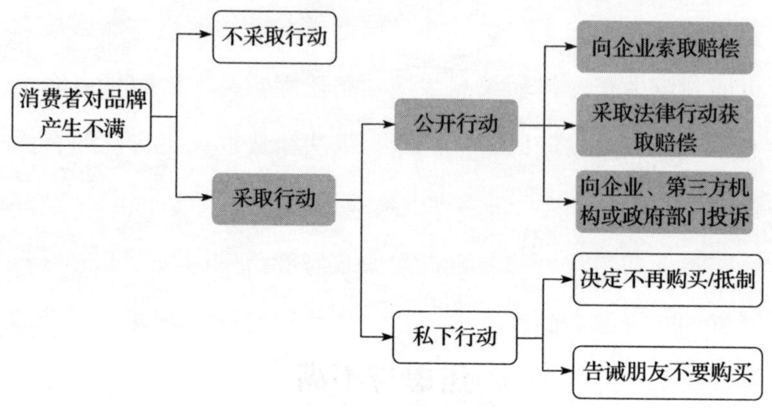

图 6-1　消费者不满意时的行为路径

为何会如此呢？其中的原因很可能与个人特质有关，出于种种原因，有些消费者不会或不愿意把内心想法表现出来。当然，也有可能是这些消费者对引发其不满的事件的反应比较慢，如果研究人员延长观察消费者的时间，说不定就能看到他们的行动。

第二种反应是采取行动。消费者的行动分为两类：一是公开的行动，二是私下的行动。

公开的行动主要有以下三种：

（1）**向企业索取赔偿**。如果消费者的利益受损，这将是他们最自然和直接的行为。假设作为消费者的你购买了某品牌的方便面，随后该品牌被爆使用地沟油，有害物质检测不达标，你首先要做的应该就是退货和向该品牌索赔吧？

（2）**采取法律行动以获取赔偿**。你向方便面品牌索赔，如果该品牌做出了赔偿，并且赔偿方案令你满意，那么故事可能到此为止。但如果品牌拒不赔偿呢？又或者赔偿方案过于小气？那么你可以诉诸法律，以法律武器保护自己的合法权益。

（3）**向企业、第三方机构或政府部门投诉**。无论你以何种方式向方便面品牌索取赔偿，你都很有可能同时对其进行投诉。你可以拨打品牌的客服电话，或者在品牌的官方微博、微信公众号上进行投诉，也可以向消费者协会投诉，还可以向政府监管部门投诉，如12345政府服务热线。

私下的行动主要有以下两种：

（1）**决定不再购买相关产品或品牌，或者抵制相关企业**。出了这档子事儿，你很有可能对该方便面品牌好感和信任全无，以后再也不想吃他们家的方便面了，甚至该品牌旗下的其他产品你也决定不再购买了。如果你以后还想吃方便面，那么其他方便面品牌就迎来了获得你这位消费者的大好机遇。当然，一朝被蛇咬，十年怕井绳，经过这一次，你再也不想吃方便面了也是有可能的，整个方便面行业就因此失去了你这位消费者。

（2）**告诫朋友不要购买相关产品或品牌**。这个方便面品牌可能对你造成了伤害，你觉得不能让它再伤害其他人，于是，你告诉亲朋好友你的遭遇，并劝说他们不要犯你所犯过的错误。一个品牌惹恼了一个消费者，后果是一传十、十传百，最后离品牌而去的远不止一人。

当然，在如今的互联网时代，“朋友”的范围被极大程度地扩展了，告诫朋友完全可以由私下的行动转变为公开的行动。消费者很可能在互联网上向众多网民朋友传播品牌相关的负面信息，甚至引发一场大型的品牌抵制活动。事实上，互联网和社交媒体能够放大任何消费者行动所产生的后果。因此，品牌在公共关系和顾客关系的处理上正面临着前所未有的挑战，所以应当比过去任何时候都要更加小心行事。

容忍还是拒绝?

品牌发生危机后，消费者的情感和切身利益受到了极大的伤害。那么，对待一个犯了错误的品牌，消费者到底会选择容忍还是拒绝？消费者最终能否原谅品牌，会受到以下四方面因素的影响。

品牌危机的严重性如何

如果把品牌危机对消费者造成伤害的程度想象成一条线的两端，一端是严重，另一端是不严重，线的中间地带，是消费者的容忍区域。品牌危机给消费者带来伤害的程度越往严重一端移动，消费者对品牌伤害的容忍度越小；越往不严重一端移动，消费者对品牌伤害的容忍度越大，详见图 6-2。

试想一下，如果一个方便面品牌在产品制作过程中，添加了某种有害成分并造成了食用者伤亡，那么，作为消费者的你，无论是否购买过该品牌的方便面，你都不会原谅它，也可能不会给它改过的机会。因为它带来的伤害太严重，令人难以容忍。如果这个方便面品牌使用的原料没有问题，只是在包装的印刷方面出现了生产日期的错误，而且这时市面上销售的所有该品牌方便面也都没有过期，你会容忍这种错误吗？我想此时你选择容忍的可能性会比前一种情况有所提高。

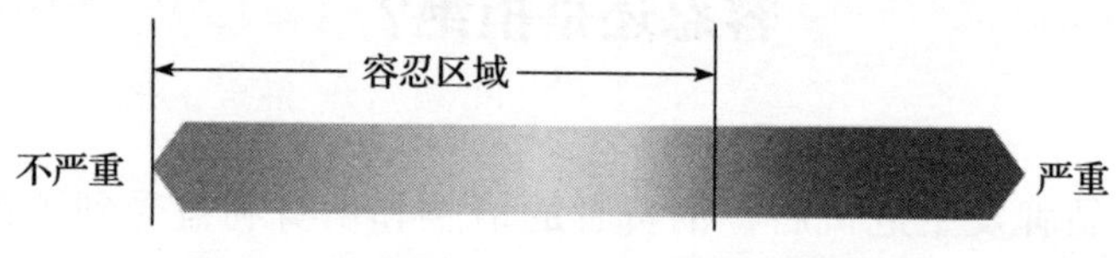

图 6-2 消费者对品牌伤害的容忍区域示意图

品牌声誉如何

当然，消费者对一个品牌的容忍度，在一定程度上还取决于该品牌的声誉。如果一个形象比较好的品牌和一个形象较差的品牌同时发生了类似的品牌危机，这时人们会如何评价这两个品牌？研究表明，当危机发生后，那些危机前形象较好的品牌所受到的责备明显要少于形象较差的品牌。①

产品的可替代性如何

试想在极端情况下，发生品牌危机的产品是你生活中的

①Siomkos G J，Kurzbard G. The hidden crisis in product-harm crisis management［J］. European Journal of Marketing，1994，28（2）：30-41.

必需品，而且只此一家，无其他品牌提供类似产品或替代产品，作为消费者的你生气归生气，但你大概率还是会被迫容忍该品牌，你很无奈，但你该怎么买还是怎么买，该怎么用还是怎么用，不然怎么办呢？当然，在现实生活中，这种极端情况出现的可能性微乎其微，毕竟在物质生活极大丰富的今天，想要找出无可替代的品牌和产品难于登天，更何况还有《中华人民共和国反垄断法》等法律和制度的保障。但是，不同产品的可替代性对于不同消费者而言仍然是有区别的。可替代性强的产品在出现品牌危机时，消费者很容易转而购买其他产品；而可替代性弱的产品在出现品牌危机时，消费者转而购买其他产品则比较困难。当人们的态度和行为之间表现不一致时，会产生认知失调，此时人们会产生紧张等不舒服的感觉。如果消费者难以购买其他产品来取代危机品牌的产品，又不原谅该品牌，认知失调便会发生。为了缓解不适感，消费者无法改变自己的购买行为，便只能改变对品牌的态度。因此，消费者对可替代性强的产品容忍度相对较低，而对可替代性弱的产品容忍度更高一些。

品牌熟悉度如何

当熟悉的品牌发生危机时，作为与品牌有一定关系的消费者，无论其与品牌的关系是“朋友”还是“恋人”，抑或是“爱人”，心情都是复杂的，反应也是“爱恨交加”的。因此，他们对品牌指责的程度往往会因其与品牌关系的亲密程度的不同而有所不同，并且也会坚信其熟悉的品牌对危机所需要承担的责任应该少于那些他们不熟悉的品牌。[①]毕竟，这些消费者熟悉的品牌，在危机发生前一直有良好的正面形象，而这些正面形象有助于他们对品牌做出正面、积极的评价[②]，而且这些评价不会轻易发生改变[③]。

因此，品牌形象或者说品牌声誉与品牌熟悉度均为品牌资产的重要组成部分，拥有较强品牌资产的品牌受危机的影响更小。也就是说，较强的品牌资产能够在危机发生后对品牌起到一定的保护作用。

---

①Mowen J C. Further information on consumer perceptions of product recalls [J]. Advances in Consumer Research，1980，7 (1): 519-523.

②Dawar N，Pillutla M M. Impact of product-harm crises on brand equity : the moderating role of consumer expectations [J]. Journal of Marketing Research，2000，37 (2): 215-226.

③Sundaram D S，Webster C. The role of brand familiarity on the impact of word-of-mouth communication on brand evaluations [J]. Advances in Consumer Research，1999，26 (1): 664-670.

遗忘还是唤起？

当消费者不能容忍品牌危机时，曾经是品牌“路人”，甚至是“朋友”的消费者有可能转向购买其他品牌。这是因为品牌危机直接导致了消费者对品牌的忠诚度下降。此时，消费者的品牌忠诚度是考验消费者是否会离你的品牌而去的试金石。如果你的品牌所拥有的消费者非常忠诚，如“爱人”一般，那么在危机发生时，这些消费者离你而去的可能性会大大降低。但需要注意的是，消费者品牌忠诚度是把双刃剑，也有可能有一些特别忠诚的客户一旦被伤害，就会对你恨之入骨，难以原谅，即对品牌错误采取零容忍的态度。

俗话说，好了伤疤忘了疼。这句话似乎也能被用于形容品牌与消费者之间的关系。网上还有句话：你伤我千百遍，我仍待你如初恋。如果真是这样的话，那难道品牌所带给消费者的各种伤害都能“灰飞烟灭，一切照旧”？事实不然，消费者对品牌伤害是否会遗忘，取决于以下因素。

第一，品牌面对的是什么样的消费者？第一章中我们就揭示了消费者与品牌的关系：“路人”“朋友”“恋人”“爱人”。显然，与品牌关系的远近、亲疏的程度决定着消费者是否会容忍品牌犯错，是否会给品牌改正的机会。此外，不同性格的消费者，行为差异也会很大。有的人一朝被蛇咬，十年怕井绳；有的人则很快就把不愉悦的事情抛诸脑后。因此，在被品牌伤害后，一些消费者似乎遗忘得比较快，另一些消费者似乎又遗忘得比较慢，就不足为奇了。

第二，你是什么样的品牌？在危机发生之前，你的品牌一直表现优异还是劣迹斑斑呢？你的品牌声誉如何？品牌形象怎么样？如果你在消费者心目中一直是个优秀品牌，只伤害过消费者这一次，这时消费者遗忘的概率就比较大。但如果你一直是一个“渣”品牌的形象，那真的很抱歉，你的伤害是在强化消费者对你品牌的不好印象。遗忘？很难了。

第三，更为重要的还有你到底做了什么？例如，品牌对消费者造成了什么样的伤害，以及为了弥补伤害你做了哪些努力。伤害比较小，消费者疗伤也会比较容易；伤害过大，消费者从中恢复可就不那么容易了。品牌如若不好好反省，态度强硬，对问题置之不理，消费者只会越来越反感；反之，品牌认错态度诚恳，认真解决问题，为了修补与消费者之间破损的关系用尽全力，消费者自然更加容易从伤害中走出来。品牌危机对消费者造成了伤害后，一定会有消费者离品牌而去，但如果品牌做得足够好，就可以尽可能地降低负面影响，有时甚至还有可能吸引到一些新的消费者。

品牌信任重建的“阶梯式沟通模型”

当产品伤害危机发生时，消费者在某些情况下也是非常无奈的，因为他们没有其他选择，尤其是面对全行业危机时，他们往往需要做如下思考与选择：是否能转购其他品牌或品类、转换的成本是否高昂、转换的风险是否不确定、转换的后果是否可以承受等。所有这些都有可能是制约消费者转购其他品牌或品类，只能“无可奈何，留在此地”的原因。况且，随着时间的推移，更多人也会从品牌的“实际行动”中渐渐感受到品牌的努力，重燃对品牌的信心，从而给品牌重生的机会。

当然，市场上的每一个品牌都希望自己能够赢得消费者的信任，与消费者建立长期稳定的关系。但当品牌危机发生后，消费者对品牌的信任受到重创，消费者与品牌的关系面临“断裂”的危险，这时，品牌的首要任务就是如何在“真正改过自新后，重建消费者对品牌的信任”。

在此，我们根据对“三聚氰胺”事件所造成的行业危机的追踪研究，提出了一个消费者信任重建的“阶梯式沟通模型”，详见图 6-3。我们认为，沟通是重建信任的必经之路，只有进行及时、恰当的沟通，才有可能化解矛盾，冰释前嫌。相信这一模型不仅适用于行业品牌危机，同样地，也会对单一品牌危机有启发性。

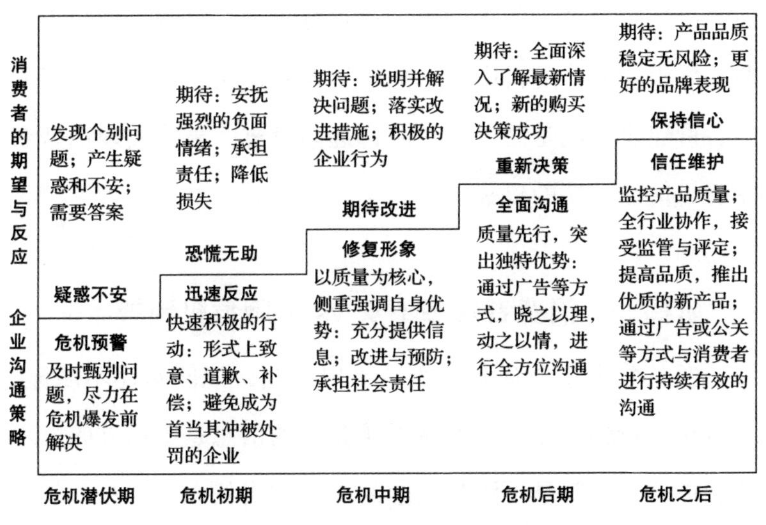

图 6-3　消费者信任重建的“阶梯式沟通模型”

消费者信任重建的“阶梯式沟通模型”是基于如下的认识：即消费者对品牌的信任具有多维结构，品牌信任是消费者在经历或知晓产品问题后，对企业品牌可靠性和品牌行为的信心和期望。对于全行业危机而言，不同阶段的消费者会有不同的反应，其对整个行业及其内部的各个企业的行动也有着相应的期望，只有企业满足了其相应的期望，消费者才能真正实现对品牌信任的重建。因此，企业在应对全行业危机的时候，应该根据每个阶段消费者不同的期望和反应采取相应的措施。企业化解危机最有效的方式是在纠正错误、完善产品后，与消费者进行有效的沟通。

根据危机的生命周期理论和全行业危机的发展规律，我们可以将企业进行危机沟通的过程分为五个阶段：危机潜伏期、危机初期、危机中期、危机后期和危机之后。消费者的信心重建之旅就是循着每个阶梯逐渐推进，最终实现消费者谅解、信任重建的目标。

阶梯一：消费者疑惑不安 vs 品牌危机预警

当一个或几个企业的产品出现问题，但问题还不明显，未引起公众的关注时，消费者所获得的信息是支离破碎、不甚清晰的，尤其是不清楚问题的根源和责任人，这令他们处于非常不安的状态，并且对问题充满疑惑。

在这一阶段，最重要的是企业是否已启动了“预警机制”，及时捕捉事件的端倪，甄别出问题的性质，并予以充分的重视，对内统一思想和认识，加强内部管理，严把质量关；对外保持信息渠道的畅通，等待时机，随时准备做出反应。

阶梯二：消费者恐慌无助 vs 品牌迅速反应

此时，某个企业被点名曝光，危机逐渐向全行业扩散，消费者会因此感到强烈的震惊、恐慌和无助，开始对整个行业产生不满，并伴随着强烈的负面情绪。此时，消费者既需要企业承担相应的责任，减少自己的损失，更需要在情感上被予以关怀。

因此，在危机出现时，企业最好是在第一时间内做出反应。例如，及时、主动地道歉并承担责任，做好赔偿和改进工作，以解除消费者的疑惑，缓解其不安的情绪。更重要的是，千万不可存在侥幸心理，企图隐瞒真相，这种行业性潜规则导致的问题，很可能是普遍存在的，一旦这种问题蔓延到整个行业，首个出现问题的企业，很容易成为全行业的"替罪羊"。而还没有涉事的企业，更不能忽视这些可能存在的危机，要及时甄别自身的问题，可以采取主动承认并召回产品等方式，尽早争取主动权，以免在危机波及全行业时处于被动状态。

当然，快速积极的行动，不是指一味地采取简单否认等消极的策略，更重要的是要展现出企业的"诚意"，致歉、补偿等都是必不可少的举措。在应对危机时，企业要争取主动，不做回应、沉默静观、转移责任等策略只会让企业在事件恶化的过程中，错过处理危机的最佳时机，甚至成为全行业危机中的“替罪羊”。

阶梯三：消费者期待改进 vs 品牌修复形象

消费者情绪逐渐平息之后，他们希望企业能够理性地说明并解决问题，提出并实施可行的解决方案，还希望看到更积极的企业行为。2008 年乳制品行业危机过后，我们曾对国内知名品牌的品牌高管进行了深入的访谈。其中在与伊利品牌高管的访谈中，我们了解到，这些品牌高管对危机导致的“严重后果”的共识之一，就是行业危机中的“信息不对称问题”，如奶源、生产技术、生产标准等导致了消费者对品牌的不信任，此时，品牌亟须做的事就是，要尽可能地让消费者了解“真实的品牌”。

于是，行业中颇具影响力的品牌伊利，在全国开展了一系列以消除消费者疑虑为目的的“放心奶工程”，对外开放伊利的“放心工厂”，邀请全国的消费者参观，消费者只要购买了伊利的产品或打电话预约就可以直接参观伊利设在国内各地的“放心工厂”①②，此外，伊利还积极配合国家标准的制定，派遣伊利的技术人员参与国家对奶粉标准的制定以

---

① 食品科技网．伊利“放心奶大行动”，开乳业参与式公关先河．食品科技网 [EB/OL].（2009-02-18）. https://www.tech-food.com/news/detail/n0231480.htm.

② 新浪资讯．伊利实施“放心奶工程”，消费者感受安全生产全过程．新浪网 [EB/OL].（2008-11-10）. http://vic.sina.com.cn/news/27/2008/1110/439.html.

及实验等工作。经过这一系列针对消费者的活动，以及对产品、服务、流程等的改善，伊利在一定程度上解决了信息不对称的问题，这促使伊利品牌和份额很快恢复到全国第一。显然，这一效果与其“放心奶工程”的开展是分不开的。

因此，企业应该抓住机会，通过切实可行的措施，努力并尽快修复品牌形象，在这个过程中，提供信息、改进与预防、强调企业承担社会责任的正面形象等沟通策略都是非常有效的。首先，企业应在沟通中重视提供给消费者的核心价值，即在产品危机发生时，要针对产品质量进行保证、承诺并采取改进措施。另外，企业可以根据自身优势，有所侧重地开展各种沟通活动，从自己独有的方面强调企业的正面形象，从而在整个行业危机中突出重围。

阶梯四：消费者重新决策 vs 品牌全面沟通

随着品牌危机渐渐平复，消费者更加期待能全面深入地了解行业中各个企业及其产品的最新状况，由于是全行业产品出现问题，消费者很可能需要重新进行对品牌或产品的选择，以便购买到更安全优质的产品。此时，除了在事发和事中所采用的一系列危机公关外，企业更需要开展全方位的整合营销沟通，其中，各种有针对性的品牌推广、广告宣传、对社交媒体的运用等都是必不可少的。

在我们的访谈中，我们还了解到伊利在2010年推出了新品金领冠，并于2011年11月底开展了品牌联合活动。这项活动的起因是，伊利通过购物篮分析，发现在华北地区购买金领冠的消费者与购买儿童纸尿裤的消费者关联度很高，于是伊利公司选择与宝洁公司的帮宝适品牌进行品牌联合，并与北京华联集团合作，分别在华北、西北一带的北京华联超市进行项目试点。这次的品牌联合活动主要通过以下四种形式展开：一是利用海报进行联合推广；二是在120家门店终端进行联合品牌堆的形象展示；三是自动获取联合优惠券，即同时购买这两种产品就会自动得到这种优惠券；四是伊利与宝洁公司双方分别在重点区域进行了30多场针对消费者的路演。由于前期三方高层间的充分沟通，以及执行团队两次具体的、细致的大型电话沟通会议，最终达成了对联合品牌活动的共识，在品牌商、经销商和团队的共同努力下，该项活动的主旨得到了有效的贯彻和顺利的执行，获得了消费者良好的口碑，更令人感动的是，一些消费者还拿出相机在品牌堆前与团队人员合影留念。通过三方相互配合，协同一致，金领冠不仅取得了低成本、高人气的传播效果，而且还取得了2008—2011年三年年度销售同比增长率的历史最高值①。

---

① 同比增长率在第二年达到110%以上，第三年20%以上。

如前文所述，此时的各大主要品牌商也在积极开展密集的广告宣传活动。在广告诉求方面，与危机沟通策略相对应，企业更多的是强调产品的核心价值，通过宣传“过硬的产品质量”，加深消费者对品牌的信任。通常，以理服人的理性诉求可以说服消费者，让他们能更加清楚地了解产品的“品质”；感性诉求则会提升消费者对品牌的好感度和喜爱度。因此，与危机中的沟通策略类似，企业应该在强调产品质量的基础上，充分利用自身的独特优势，从行业的众多品牌中脱颖而出。

随着社交媒体的兴起与发展，品牌可以通过企业官网、各类社交平台积极地与消费者开展“价值共创与共享”的有效沟通与内容营销，在沟通中加强相互理解与信任。

阶梯五：消费者保持信心 vs 品牌信任维护

可喜可贺的是，危机终于告一段落，品牌与消费者的关系似乎已“不计前嫌，和好如初”了。但请切记，即使危机已经过去，品牌似乎成功地实现了对消费者品牌信任的重建，企业也不能对之前的危机放松警惕。毕竟，危机过后建立起来的信任仍是“极为脆弱”的，经不起再次的打击。在这个阶段，消费者仍然最关注产品质量，希望产品的品质稳定，不会再出问题，希望可以保持对某个或者某些产品或品牌的信心，同时也期待有更优质的产品推出。

因此，在企业严格监控产品质量的同时，全行业应该共同协作，形成有效的内部监督机制，并接受相关部门的监管和评估。推出高品质的新产品也是这一阶段很好的举措，它可以减少品牌与之前危机的联系，重新吸引消费者。此时，企业需要通过广告或公关等方式与消费者进行持续有效的沟通，维护好已经恢复了的品牌信任，同时也可以进一步提升品牌形象。

据了解，在全行业危机暂告一段落后，国内另一知名品牌蒙牛也在积极地行动着。蒙牛在2012年集中“兵力”实施了一项“品牌修复方案”，通过梳理问题，向社会和媒体进行问卷调查，得出的结论是“企业发展速度过快，对危机的处理过于简单粗暴，从而导致了一系列难以把控的问题的发生”。针对这些问题，企业随后在内部开展了一整套以“阳光运动”为导向的积极的品牌建设，从思想认识上的统一到行动上的落实，有序地开展着各类活动。其中，对内包括对内部质量和流程进行严格监督；对外包括开放“蒙牛放心工厂”以供参观和大V直播，与消费者进行“心的沟通”，与政府配合并协助政府进行行业标准制定，宣传重点从“好品质、好生活”到“只为点滴生活”和“幸福生活”，再到“各种社会公益活动”，以及围绕消费者开展的各种品牌营销活动。[①]

由此可见，品牌信任重建犹如品牌与消费者之间的一场“接力赛”，在这个过程中，品牌会遭遇各种质疑与不信任、困难与挑战；消费者也会经历各种焦虑与不安、惶恐与无助，但只要双方有“坦诚相待”的意愿，有“共克时艰”的勇气，有“协手共创未来”的决心，就会使品牌信任重建之旅圆满顺利地到达终点。

① 引自北京大学管理案例中心“蒙牛：危机应对策略的演进”。

本章小结

真相如何	品牌告知 媒体报道 消费者口口相传
焦虑与不满	不采取行动 公开行动 私下行动
容忍还是拒绝	品牌危机的严重性如何 品牌声誉如何 产品的可替代性如何 品牌熟悉度如何
遗忘还是唤起	消费者什么样 品牌什么样 你做了什么
品牌信任重建的『阶梯式沟通模型』	阶梯一：消费者疑惑不安vs品牌危机预警 阶梯二：消费者恐慌无助vs品牌迅速反应 阶梯三：消费者期待改进vs品牌修复形象 阶梯四：消费者重新决策vs品牌全面沟通 阶梯五：消费者保持信心vs品牌信任维护

图 6-4　本章内容逻辑示意图

品牌的自我诊断

1. 我的品牌深陷危机了吗?(如果否，诊断结束，恭喜！如果是，请继续)
2. 消费者是通过什么渠道知晓危机信息的?
3. 消费者了解真相以及全部真相吗?
4. 面对危机，消费者做出了哪些反应?
5. 危机严重性如何?
6. 你的品牌声誉怎么样?
7. 你的产品容易被替代吗?
8. 为了重建消费者信任，你做了哪些努力?

第七章

品牌危机如何结束——“噩梦初醒”

“距三鹿引发的‘三聚氰胺’事件已过去好几个月了，政府好像也在加大力度惩罚‘始作俑者’，深陷这次危机中的品牌好像也在努力表态或行动。我心中的‘怨恨’好像缓解了一些。再说，小孩也还得喝奶，成年人也得消费，如果有其他选择，我会考虑选择我心目中仍认可的品牌。”

——被访者之一

“一想起那些受‘毒’奶粉催熟的‘大头娃娃’，我的心就在痛。哪个父母能原谅这些黑心的商家啊！”

——被访者之一

“人无完人，孰能无过，真心希望这些品牌能真正吸取教训，改过自新，重新做人。”

——被访者之一

2008年，轰动全国、全行业的“三聚氰胺”事件，在大约三个月后，其主要涉事品牌，如伊利、蒙牛、光明、三元的产品销量逐渐开始回升，品牌危机似乎开始被消费者“谅解”或者是“淡忘”，由危机引发的“行业霜冬”似乎有了回暖的迹象。

救命的“时间窗口”回溯

显然，消费者对危机中的品牌态度各不一样，有的是“深恶痛绝”，绝不原谅，而有的是“非常气愤”，但气愤过后会稍有缓解。当然，也有一些人还是抱着善良的心态，希望危机中的品牌能改过自新。

消费者跟品牌之间的关系，跟人与人之间的关系相似。危机发生后，消费者对品牌的态度，尤其是对品牌的信任急转直下。那些与品牌的关系如“忠实朋友”“至爱亲人”或“相拥恋人”的消费者，他们所受到的伤害不仅有物理层面的，还有更深的心理层面的“阴影”，而这种“阴影”就像人与人之间发生摩擦后生出的芥蒂一样，只有当负面事件结束后才会消散，人与人的关系才有缓和与重归于好的可能。

因此，识别并抓住那个可以扭转负面情绪、改善被破坏的信任关系的“时间窗口”，对企业来说，不仅有可能保命，还有可能重新抓住获得消费者的谅解和发展的机会。形象地说，这个“时间窗口”就和突发心肌梗死的患者的情况一样，只有在最短的时间内被送达医院、能在第一时间获得医生诊断、能由最优秀的医生做“心脏复苏”手术……加上患者有强烈的“意念”战胜死神，才能逃过一劫……

对危机品牌来说，这个“时间窗口”在哪儿？如何能捕捉到？

潜伏期和爆发期的“时间差”有多长

从危机的周期来说，危机通常都要经历潜伏期（征兆）、爆发期（发作）、蔓延期（延续）和解决期（痊愈）。[①] 那么，对一个单品牌来说，企业在内部管理中，是否建立了预警机制？是否已经显现出了一些危机的线索？企业是否意识到会有某种可能的危机发生？[②] 例如，产品有某种缺陷、某款产品有明显的“退货现象”、消费者对产品或服务的投诉还没有很好地解决。对于某个行业的众多品牌来说，是否也能预计到可能要发生的危机？例如，行业内是否已有一些共识性的问题存在？媒体上是否已有零星的负面信息或者是不利于

① 王雪芳，张红霞. 全行业危机下沟通策略的选择与消费者信任重建［J］. 管理学报，2017，14（9）：1362-1373.

②Fink S. Crisis management：Planning for the inevitable[M]. New York：AMACOM，1989.

企业的流言蜚语？

主动曝光还是刻意隐瞒

当危机还处于“潜伏”和“即将爆发”之际，企业自身已有所意识，这时是该“主动曝光，放手一搏”还是“刻意隐瞒，坐以待毙”，对很多企业来说都是个艰难的决策与严峻的考验。

因为，一方面，很多人有“枪打出头鸟”“引火烧身”的担忧；另一方面，也有“得过且过”“多一事不如少一事”的侥幸心理；当然，更有“玩忽职守，道德沦丧”的渎职行为。在这些情况下，有的企业可能会因选择沉默、不作为，最终丧失“自救”的时机。曾经有多个关于车主维权未果的相关报道，大致情况是，某汽车用户在汽车驾驶过程中，因发生车辆事故而向企业投诉，但多次交涉都未被妥善解决，这位用户在“一怒之下”进行高调维权，从而引发极端事件使之公之于众。例如，奔驰汽车车主“用大锤砸大奔”“用老牛拉大奔”；宝马车主“站在车顶上维权”，显然，这些负面事件对涉事品牌的形象与信誉都造成了极大的伤害……当年“三聚氰胺”事件之所以未能在初期被遏制，其中最重要的原因就是三鹿集团和当地政府在获悉三鹿奶粉已造成婴幼儿患病的情况后仍然选择隐瞒事实，不及时上报，才最终导致危机事态不断蔓延，不仅造成了数名儿童死亡，数千名儿童患病的严重后果，企业自身也受到了应有的惩罚。三鹿集团前董事长田文华被判无期徒刑，集团主要主管分别被判处15年、8年、5年不等的刑期；三鹿集团被罚以4937余万元的罚款，最终三鹿宣告破产。①②③

但另一方面，也有一些企业勇于面对“缺陷”或“失责”，坚决地选择了“主动曝光”，以博得消费者的理解、信任与支持。例如，经常有某些汽车品牌的消费者会接到来自企业的通知，原因可能是其正在使用的某款汽车因“某种故障”需要“召回”，显然，对这种企业单方主动曝光的“负面信息”，大多数消费者都能接受并更加信赖该品牌。

奋力补救还是静观其变

同样地，当危机处于“潜伏”和“即将爆发”之际，企业是迅速地开展内部的“自查、自检、自纠”，或者主动联合相关部门就可能出现的问题进行联合性的“紧急应对”，将危机的隐患遏制在萌芽中；还是抱着“明哲保身，静观其

① 中国新闻网．三鹿案一审宣判 田文华被判无期张玉军等获死刑．新浪网 [EB/OL].（2009-01-22）. http://news.sina.com.cn/c/2009-01-22/154617098019.shtml.

② 新华网．三鹿集团被判罚款 4937 万多元．新浪网 [EB/OL].（2009-01-22）. http://news.sina.com.cn/c/2009-01-22/155017098039.shtml.

③ 新华社．石家庄市中级人民法院依法宣布三鹿集团正式破产．政府网 [EB/OL].（2009-02-12）. http://www.gov.cn/jrzg/2009-02/12/content_1229150.htm.

变”“事不关己，高高挂起”的态度，等待奇迹发生？显然，后者是企业为避免使品牌陷入更大、更深、更长的危机之中而做的“时间差选择”。

顺势而为还是逆势而行

通常，在危机即将爆发时，都会有一些征兆或消息传出，也许是某个消费者在网上的留言，也许是某个消费者向媒体的“举报”。此时，一些嗅觉灵敏的媒体人可能就会介入，他们顺藤摸瓜，追踪线索，以期水落石出。随着舆论声讨日渐热烈，企业越来越可能成为舆论的中心，此时企业应做何选择？是顺势而为，迅速做出符合大众期望的“善意行动”，还是坚持一己之见，逆势而行呢？

回想当年农夫山泉的“水源和标准门”事件，我们也许能从中获得一些启示。众所周知，农夫山泉自1996年成立之日起就宣称自己是“水源地建厂，水源地灌装”，坚持“选水源，做好水”，塑造天然、健康品牌形象的公司。然而，2013年，北京的一位李女士向媒体反映，其购买的该品牌瓶装水中有“黑色悬浮不明物”，这引来媒体人对农夫山泉水源进行实地考察，他们发现距取水的水源口1公里附近有大量的垃圾，随后农夫山泉又被曝出弃用了广东标准，而选择采用浙江地方标准。一时间，作为媒体的《京华时报》在连续27天内，创造了“一家媒体批评一个企业”的纪录。[①] 面对媒体的强力攻势，农夫山泉强力抗争，先是以新闻发布会的形式与媒体展开辩论，声称产品符合标准；后又暗示有竞争对手蓄意“栽赃”，抹黑品牌形象。但最终，北京市桶装饮用水销售行业协会做出了对“北京市农夫山泉桶装水下架”的建议通知。很快，北京地区的各个水站纷纷将农夫山泉桶装水下架。对此，农夫山泉股份有限公司作出了一个出乎众人意料的决定：永久关闭其在北京宽沟的工厂，对政府机关供应的水照旧生产，但对市场提供的桶装水全部停产。此举一出，引来众人对企业“霸道傲慢”态度的指责与不满。尽管之后，农夫山泉也做了一系列公关活动，如邀请消费者对其“实地考察”、邀请专家进行“水质检测并提供相关的检测报告”，意欲重新树立和完善“健康水、天然水”的品牌形象，但农夫山泉显然没有抓住这中间的“时间窗口”。

---

① 新浪财经．钟睒睒：京华开创1家媒体批评一家企业新闻纪录．新浪财经[EB/OL].（2013-05-06.）. http://finance.sina.com.cn/chanjing/gsnews/20130506/160215362114.shtml.

“时间窗口”效用复盘

抓住了“时间窗口”，也并不意味着企业就真正能够“逃过一劫”，能否安然度过品牌危机，还取决于危机爆发后企业是否采取了一系列恰当的“举措”。

谁在第一时间做了“回应”

当危机事件被曝光，引起社会关注、舆论讨论时，谁在第一时间做了回应？对于单一的涉事品牌，第一时间做出回应的是何人，是企业代表还是企业的公关部门？如果是企业代表，该人在企业中的地位和威望如何，是否能被大众认可？该人的个人形象与语言表达是否有感染力，是否真诚可信？如果是企业内部公关部门，它采用的是什么形式的危机公关？对于多个品牌涉及其中的危机事件，谁会最先站出来发声？这个发声是否有影响力，是否能服众？显然，选择何时发声、由谁发声、发声的后果会如何，决定着危机品牌能否迅速平稳地渡过危机难关。

涉事品牌的“声明与表现”能否打动消费者

如前所述，企业在危机中会采用各种各样的应对方式。其中，最开始也是最直接的方式，是企业“勇于承担责任，向消费者道歉，接受消费者的监督”。如果是企业代表的“致歉信”或“表态”，那么，其措辞或态度是否足够诚恳，是否真心实意？如果是企业公关部门的“表态”，那么，公关文案的措辞表达是否准确、是否会引起歧义？公关语气给人的印象是中肯可信还是敷衍了事？如果消费者感受到了涉事品牌的“诚恳”，那么，浪子回头金不换，以观后效便是大多数人的态度了。

2011 年 8 月 22 日，《记者卧底“海底捞”揭秘》的报道引发社会关注，该报道指出海底捞存在骨汤勾兑、产品不称重、偷吃等问题，海底捞因此陷入危机。当天 15 时 02 分，海底捞官网及官方微博发出《关于媒体报道事件的说明》，承认勾兑事实并做出客观澄清。23 日 20 时，海底捞董事长张勇发表微博，表示个人承担责任。两项声明均语气诚恳，积极应对舆论质疑，因此稳定了舆情，获得了消费者的认可，被认为是企业危机公关的典范。2017 年 8 月 25 日，《法制晚报》下属的“看法新闻”发表报道，称记者经过两个多月的暗访，发现海底捞两家门店存在后厨有老鼠爬进食柜、清洁工具和餐具放在一起、洗碗机内部有腐烂气味、使用火锅漏勺清理下水道等现象，又一次引发舆论热议。当天14时46分，海底捞通过官方微博公布致歉信，坦然承认相关卫生安全隐患问题属实并承诺整改。[①] 这一次，海底捞的致歉依旧及时，态度依旧诚恳，行动依旧迅速，也依旧达到了不错的危机公关效果。

正如我们在第五章中所述，涉事品牌的“声明与表现”能否真正打动消费者，应主要从言辞可信、形象可靠和行动可见三个方面进行考察。

谁是“可以拉拢和依靠”的老顾客

企业要辨别目标消费者，选择能够拉拢和依靠的老顾客，获得他们的理解、同情或支持。如果这类消费者对品牌态度足够“坚定”，与涉事品牌有比较深的交往与感情，对涉事品牌足够信赖，也许，会给其一个“改过自新”的机会。因此，加大与现有的老客户的信息与情感交流，让老客户在第一时间听到、看到或体会到企业正在做的“努力”，由此引发的口碑效应，应该是企业自说自话引发的积极效果的N倍。

---

① 海底捞火锅 . 关于海底捞火锅北京劲松店、北京太阳宫店事件处理通报 . 新浪微博[EB/OL].（2017-08-25）. https://m.weibo.cn/1783178343/4144681597992045.

消费者与品牌的“心结”有多大

想象一下人与人在人际交往过程中的“摩擦”，其结束并没有一定之规，“摩擦”结束的关键在于双方心里怎么想。正如前文所述，如果品牌与消费者的关系是“路人”，也许品牌做了很多努力，消费者仍然无动于衷；如果品牌与消费者是长期努力维护建立起来的“朋友”“恋人”“爱人”等亲近或亲密的关系，那么，也许会因为受害的当事人的“宽容、原谅、理解”而“一笑泯恩仇”。因此，品牌与消费者的关系能否在危机过后延续下去，能否和好如初，最重要的不是事实上发生了什么，而是消费者内心的想法或自身是否有了变化。例如，选择的机会有限、自身的预算约束、拒绝改变长久以来形成的习惯、淡忘受害记忆……这时，消费者可能会考虑重新接受曾经有负面信息或丑闻的品牌。

社会舆论是否趋于“平静”

当有品牌被曝出负面新闻时，该新闻大概率会立马登上微博热搜，网友们的评论中，有声讨、有抵制，更多的是质问品牌何时发声。随着事件的“来龙去脉”逐渐被澄清，社会、媒体及个人对事件的关注度趋于下降，人们的情绪也趋于平和。这时，企业的某个正面的发声或积极的行动都有可能轻易地跨越人们心理的那道坎，人们的心理防线也会随之松动下来。

从2008年“三聚氰胺”中国乳制品污染事件中各企业的应对策略可见，由于涉事品牌未能很好地识别并抓住危机的“时间窗口”，最终导致危机涉及面广、危机时间长、危机后果严重，令整个乳制品行业受到重创。在这个事件中，危机从潜伏到爆发时隔六个月，本来在这段时间内，涉事企业可以做很多的事，如及时发现问题、尽量减少事件伤害、快速回应、采取必要措施及时遏制危机扩散……然而，由于涉事品牌对事件“时间窗口”的“误判”，没有“主动曝光”而是“刻意隐瞒”，没有“奋力补救”而是“静观其变”，再加上危机发生时间临近中国2008年奥运会开幕的时间等因素……最终酿成了震惊世人的行业危机。

无论如何，只有危机事件在消费者心里“翻篇”了，品牌才有可能重建与消费者之间的良好关系。

危机结束“标志”认定

一场涉及单一品牌抑或众多品牌的危机是否暂告一段落，该如何判断？是否有可见的“标志”？

2008 年“三聚氰胺”事件发生后，我们针对主要乳制品制造商及乳制品行业这两方面的市场表现进行了调查。

首先，我们分析了伊利（中国北方的主要乳制品制造商之一）和光明（中国南方的主要乳制品制造商之一）两家上市公司的财务数据，发现 2008 年第四季度（“三聚氰胺”事件 2008 年 9 月爆发）对两个品牌来说都是一段很艰难的时期，其营业收入都处于低谷，但这种负面影响只维持了三个月左右，2009 年初就开始变弱甚至是消失，详见图 7-1、图 7-2、图 7-3。

其次，我们分析了乳制品行业的销量数据。中国国家统计局公布的统计数据显示，整体而言，中国乳制品每季度的销量都在逐渐增长，只有2008年第四季度的销量处于低谷位置，但从2009年第一季度开始，该行业的发展趋势便恢复常态了。

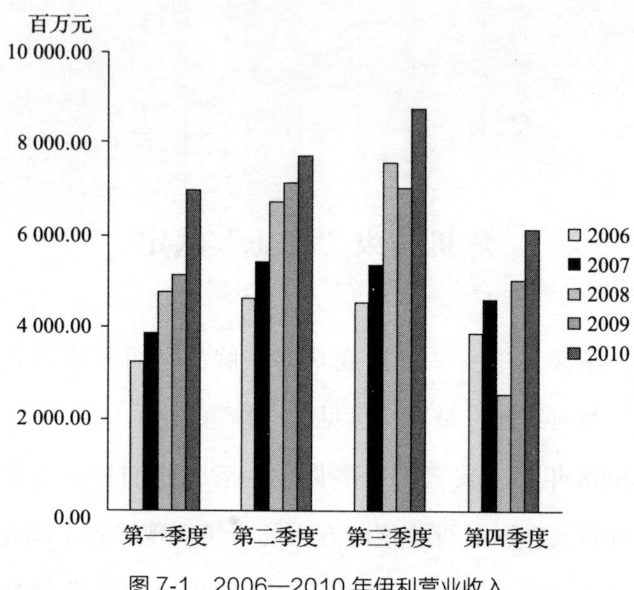

图7-1 2006—2010年伊利营业收入

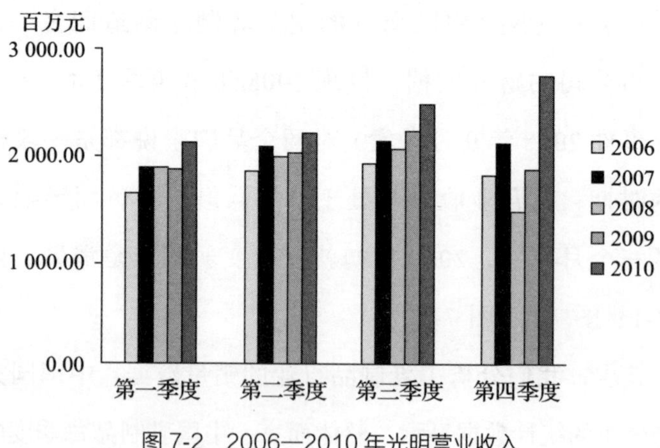

图7-2 2006—2010年光明营业收入

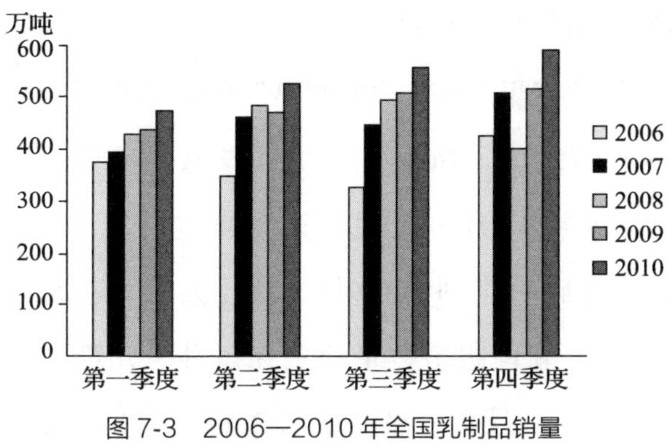

图 7-3　2006—2010 年全国乳制品销量

你可能会说，这么严重的事件，令我至今都对这些品牌有所顾虑，怎么能说危机暂告一段落了呢？

没错，并不是所有事件都会随时间的流逝被人们遗忘。消费者受到的伤害越大，伤口愈合所需的时间就越长，无论这种伤害是生理上的还是心理上的。有些情况下，消费者被伤得过重，可能永远不会原谅伤害他们的品牌。

但至少，人们可以从以下四个方面判断危机是否已暂时落下帷幕。

舆情趋势的波峰是否正在向下回落

从舆论层面上看，舆情的焦点或关注度是否已从波峰向下回落，甚至趋于平稳。

2008 年 9 月，“三聚氰胺”事件爆发后，便引起社会的广泛关注，成为舆论焦点。我们在万得（Wind）资讯金融数据库的财经新闻板块[①]进行了关键词搜索，结果显示，包含关键词“三聚氰胺”“乳制品”的新闻报道数量在事件曝出当月为72篇；2008年10月，该数量减少近一半，为38篇；2008年11月，新闻报道数量进一步下降近60%，为16篇；此后一直到2009年2月，关于“三聚氰胺、乳制品”的财经新闻报道数量稳定在每月十几篇，其间有所起伏，2009年1月数量最多，与2008年11月持平，详见图7-4。

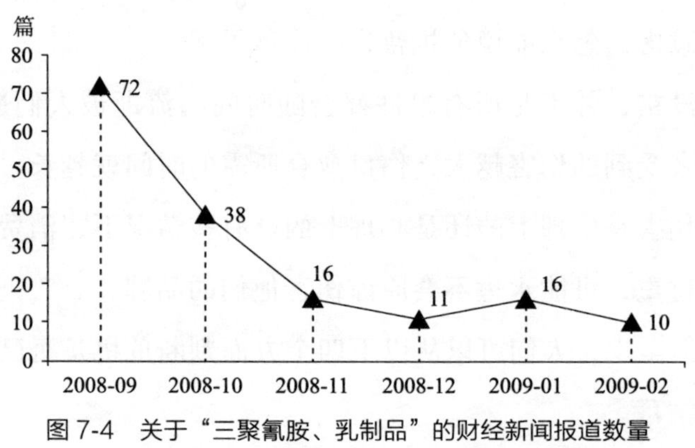

图7-4　关于“三聚氰胺、乳制品”的财经新闻报道数量

尽管图7-4只展示了财经新闻报道数量的变化趋势，但作为投资者颇为关注的新闻类型，它也能够在很大程度上反映相关社会舆情的变化。由图7-4可知，2008年11月以后，关

① 万得（Wind）是金融数据和分析工具服务商，万得（Wind）资讯是中国大陆金融数据、信息和软件服务企业，总部位于上海陆家嘴金融中心。在金融财经数据领域，万得（Wind）资讯已建成国内以金融证券数据为核心的一流的大型金融工程和财经数据仓库，其财经新闻板块集合了国内、国际的财经新闻。

于“三聚氰胺”事件的舆论关注度就已经大幅回落，并在此后趋于平稳。

政府是否在行动

从社会层面上看，政府是否在行动是指某个大的社会事件发生后，政府是否出面做出了相关的“指示”、出台了相关的“规定”，或者惩治了相关涉事的企业或人士。

“三聚氰胺”事件发生后，2008 年 9 月 17 日，中国国家质检总局宣布取消食品业的国家免检制度，所有已生产的产品和印制在包装上已经使用的国家免检标志不再有效；接着，该局又宣布撤销蒙牛、伊利和光明三个品牌液态奶产品的“中国名牌”产品称号。河北省石家庄市中级人民法院一审宣判，对三鹿集团前董事长田文华判处无期徒刑，对其他一些高层管理人员也分别判处 15 年、8 年、5 年不等的刑期。此外，河北省政府还对三鹿集团作出了立即停产整顿的决定。显然，随着三鹿作为这场“三聚氰胺”事件的“始作俑者”受到了应有的惩罚，这场声势浩大的行业危机似乎也暂时画上了句号。

再看看发生在 2021 年的危机事件中政府的行为。2021 年 7 月，杭州某网红到杭州华颜医疗美容医院做吸脂填充手术，因抽脂感染去世，此消息传出后立即引发了舆论的关注。[1]针对近年来美容市场的“乱象”以及频发的案件，给一些消费者带来的永久性的伤害，2021 年 8 月 27 日，国家市场监管总局网站发布了《医疗美容广告执法指南（征求意见稿）》，其中提出了市场监管部门将依法整治各类医疗美容广告乱象，着力解决危害性大、群众反映集中的问题。这些问题主要包括：违背社会良好风尚，制造“容貌焦虑”；使用患者名义或者形象进行诊疗前后效果对比或者做证明；利用广告代言人为医疗美容做推荐、证明；以介绍健康、养生知识，人物专访，新闻报道等形式变相发布医疗美容广告；对食品、保健食品、消毒产品、化妆品宣传疾病治疗功能或者对保健食品之外的其他食品声称有保健功能等。

显然，政府的这一举措是对混乱的医疗美容市场的严厉整顿，相信政府这一举措能有效地推动医疗美容行业逐渐走上健康有序的道路。

企业市场表现是否开始向好发展

从企业层面上看，企业市场表现是否开始向好的方向发展取决于企业间的竞争是否依然有序进行、市场形势是否开始向好的方向发展，以及产品销量是否开始逐渐回升，如图 7-1、图 7-2、图 7-3 所示。

---

① 北京日报微信公众号 . 33 岁女网红抽脂感染去世，曾打 120 求救！官方最新通报 . 京报网 [EB/OL].（2021-07-15）. https://news.bjd.com.cn/2021/07/15/129286t100.html.

消费者信心指数是否止跌上升

对于消费者对未来经济的信心指数是否停止下跌，甚至有所提升，消费者的购买倾向是否有所恢复。万得（Wind）资讯金融数据库提供的消费者信心指数①显示，2008 年 9 月，"三聚氰胺"事件爆发后，我国消费者信心指数有比较明显的下跌，该趋势一直持续到 2008 年 12 月，随后进入平稳的发展阶段，详见图 7-5。虽然消费者信心指数没有恢复到危机发生前的水平，但已经不再大幅下跌。尽管消费者信心指数所反映的消费者整体的消费倾向，还受很多其他因素及其他行业发展状况的影响，但由于"三聚氰胺"事件引发了极为广泛的关注，对社会经济的众多领域都产生了

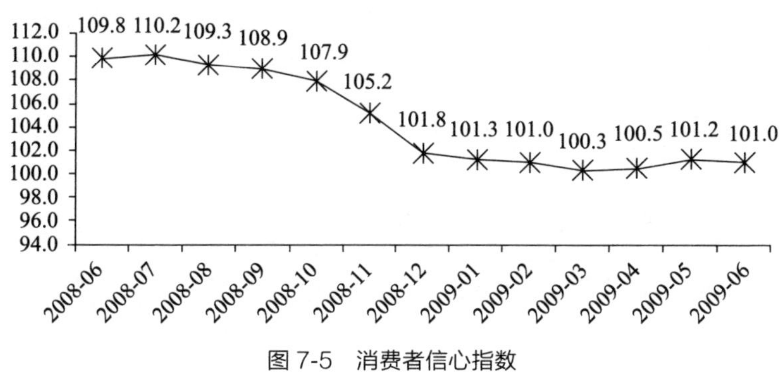

图 7-5　消费者信心指数

① 消费者信心指数是反映消费者信心强弱的指标，综合反映并量化消费者对当前经济形势的评价和对经济前景、收入水平、收入预期以及消费心理状态的主观感受，是预测经济走势和消费趋向的一个先行指标，由消费者满意指数和消费者预期指数构成。数据来源为万得（Wind）资讯金融数据库，其每月月底根据国家统计局相关刊物对数据进行加工。

较大影响，因此，消费者信心指数仍然能够在一定程度上反映这一危机事件的发展变化。

事物发展的周期预示着凡事总会有起有落，危机有开始必然会有结束，只是当前的结束是否就是永远的结束，还是只是新一轮“危机”的开始，则未可知。

惊魂未定的思考

遗忘？表象！

品牌伤害真的会被消费者遗忘吗？失去的信任能否很快重新建立起来？人们常说，“好了伤疤忘了痛”“时间是治愈一切的良药”。的确，也有学者的研究发现，一场危机发生后，经过的时间越长，消费者的态度越平和。[①] 也就是说，危机发生后，品牌即使什么都不做，经过一段时间的沉淀，也可以逐渐从危机事件带来的伤害中恢复。在实际生活中，这一点似乎也能得到验证。例如，2021 年初，奢侈品品牌 Prada 的代言人之一郑爽被曝出丑闻[②]，导致品牌股价下跌，

①VASSILIKOPOULOU A，SIOMKOS G，CHATZIPANAGIOTOU K，et al. Product-harm crisis management：time heals all wounds? [J]. Journal of retailing and consumer services，2009，16 (3)：174-180.

② 腾讯网 . Prada 终止与郑爽合作，奢侈品选代言人如何避雷？腾讯网 [EB/OL]. (2021-01-19) . https://new.qq.com/rain/a/20210119A0EWKT00.

由于负面信息的溢出效应，消费者对品牌的态度变差，现如今，消费者的态度是否仍如当初那么强烈？2013 年，奔驰、宝马、奥迪等豪华车品牌齐陷“异味门”事件，引发了负面舆论、遭到消费者抵制[①]，现如今，这些豪华车品牌是否仍受人诟病，销路仍未恢复如初？每年央视“3 · 15”晚会都会曝光不少品牌的负面事件，当下都会引发消费者对被曝光品牌的一片骂声，一段时间后，消费者是否仍然情绪激烈？

随着时间的推移，人们会逐渐遗忘那些不愉快或伤心的事情，使自己的生活恢复平静。相比危机事件初期，消费者的情绪反应也会随着时间的流逝逐渐减弱。但这是否就真的意味着企业可以什么都不做，静待时间治愈一切呢？

显然，这仅仅是一种表象，或者仅仅是消费者不得已的选择而已。因为仍然存在这样的报道：海外超市某国外品牌的“儿童奶粉”售罄、某地限制中国游客购买儿童奶粉的数量，等等。这说明，那些有一定经济能力且有选择空间的消费者，一旦有机会，就有可能“转购”其他更“心仪”的品牌。

---

① 经济参考报 . 近年来车内空气污染典型案例盘点 . 中国新闻网 [EB/OL].（2014-05-08）. http://www.chinanews.com.cn/auto/2014/05-08/6146155.shtml.

深究→行动

深究之后，必将行动。如果什么都不做，只是等待时间发挥作用，品牌就会陷入被动的局面，甚至会“出局”。因为这类事件到底需要多少时间才能“翻篇”，甚至能不能真正“翻篇”，不仅受品牌影响，还会受到诸如危机的严重程度、品牌已建立的声誉度、媒体报道、社会舆论、消费者的宽容程度等的影响。品牌只有主动采取应对行动，才有可能使危机尽快结束。

因此，企业必须“有所作为”，必须采取行动，要为赢得消费者的“信心”而战。

噩梦初醒，警钟长鸣

谋事

面对危机，涉事品牌应该采取什么行动，行动的效果如何，需要具体事件具体分析，这也是公关公司以及品牌公关部门的主要工作内容之一。但不能否认的是，无论企业采取什么行动，行动这个动作本身，都可能被消费者视为危机结束的一个“信号”，进而对消费者的心理产生影响。

在《乌合之众：大众心理研究》一书中，古斯塔夫·勒庞（Gustave Le Bon）阐述了群体心理和群体行为的特征，指出当个体处于一个群体之中时，其个性会淹没于群体之中，并可能做出无意识的非理性行为。[①]

① 古斯塔夫·勒庞. 乌合之众：大众心理研究［M］. 冯克利，译. 北京：中央编译出版社，2004.

造势

对品牌来说，其面对的情况与书中描述的大众心理十分相似。当只有一个品牌发生危机时，它会成为众矢之的；但当行业内的多个品牌同时发生危机，甚至危机行为是某种行业“潜规则”时，单个品牌受到的责备会少很多。但事实上，随着发生危机的品牌数量增多，消费者内心的评价标准和对品牌行为的期望很可能也会随之降低，到头来，企业失去的是消费者对整个品类，甚至是整个行业的信任。与其如此，企业不如遵循价值共创的原则，主动邀请消费者监督和提出改进建议，在“踏实修炼、提升自我”的同时，大张旗鼓地“宣传企业整改行动”以及构建“积极的品牌形象”，理顺与消费者沟通的渠道，争取与品牌关系最密切的“朋友、恋人、爱人”的坚定支持与积极的口碑宣传。

顺势

人在做，天在看！企业不能抱着“消费者容易‘遗忘’”“别人也会这样做，我只是无奈之举”的想法。不管是行业规范“不严明”，还是法律法规“有疏漏”，抑或是监督管理“不到位”，处罚力度“不够大”，企业都不能松懈。企业要想在激烈竞争的环境中生存，有立足之地，就必须视质量为企业的生命线，视消费者信任为发展基石，警钟长鸣。

本章小结

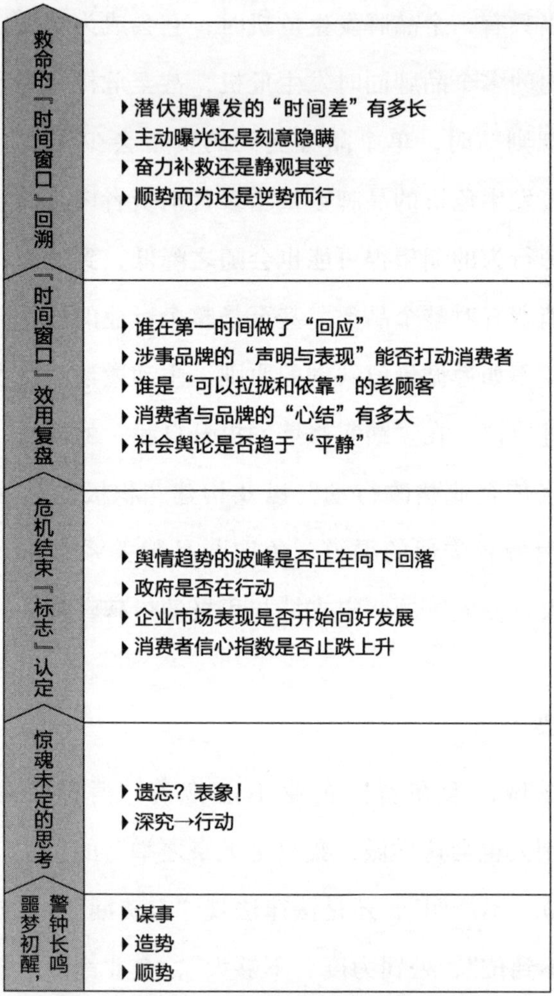

救命的「时间窗口」回溯	▶潜伏期爆发的“时间差”有多长 ▶主动曝光还是刻意隐瞒 ▶奋力补救还是静观其变 ▶顺势而为还是逆势而行
「时间窗口」效用复盘	▶谁在第一时间做了“回应” ▶涉事品牌的“声明与表现”能否打动消费者 ▶谁是“可以拉拢和依靠”的老顾客 ▶消费者与品牌的“心结”有多大 ▶社会舆论是否趋于“平静”
危机结束「标志」认定	▶舆情趋势的波峰是否正在向下回落 ▶政府是否在行动 ▶企业市场表现是否开始向好发展 ▶消费者信心指数是否止跌上升
惊魂未定的思考	▶遗忘？表象！ ▶深究→行动
警钟长鸣，噩梦初醒	▶谋事 ▶造势 ▶顺势

图 7-6　本章内容逻辑示意图

品牌的自我诊断

1. 我品牌是危机品牌吗?
2. 我能识别出本品牌的“时间窗口”吗?
3. 如果可以识别出本品牌的“时间窗口”，我会立即做选择吗?
4. 我可以“预见”并能“判断”出危机结束的标志吗?
5. 为了摆脱危机困扰，我品牌需要第一个站出来吗?
6. 我品牌现在所做的“声明”能否被消费者认可并接受?
7. 我品牌现在的处境还有“回旋余地”吗?

第八章

谁是让危机品牌真正脱困的“救世主”？

当你看到这一章时，你的心情是否轻松了许多？毕竟，“噩梦已初醒”“危机已远去”，企业生产照常进行，市场上各种促销活动频繁登场，人们在实体店或网站上还在不停地“买买买”，那些曾经被曝出负面信息的品牌，也已从人们关注的热点中逐渐消失，一切似乎又归于平静。

然而，危机“周期性”的特点又时常在提醒着人们，要居安思危，不能掉以轻心。那么，如何评价在品牌危机中起作用的各方力量？如何甄别能让危机品牌脱困的“救世主”呢？显然，我们还有必要深入地探讨一下。

政府机构“一纸令下”的威慑力有多大？

通常，当社会上某个负面信息或丑闻已不仅仅是单一的品牌问题，还有可能是多个品牌面临的危机，甚至可能会成为阻碍整个行业发展的“桎梏”时，具有影响力的相关政府机构出面整治或出手相救，不仅有助于制止危机蔓延、消除顽疾，更有助于重振正气、稳定人心。

政令威慑，力震群方

正如我们在第四章分享的一些观点，政府机构“一纸令下”的威慑力还是非常大的，具体体现在如下六个方面：危机品牌受到“惩罚”、涉事企业规范“整顿”、涉嫌品牌澄清“身份”、竞争品牌重归“秩序”、百姓信心重新“点燃”、经济活力再次焕发。

显然，政府机构的法规法令是有极强的威慑力的。

政令贯彻，时常受阻

在日常生活中，我们常常可以听到政府机构在解决某一社会积弊或问题时，使用了这样一个词：三令五申。显然，针对这些社会问题的法规政策并非没有，也并非仅此一项。如果去百度或知乎上搜索有关“法规”“条例”等关键词，不难发现上面列满了相关政府部门制定的各项法规条例，如《乳品质量安全监督管理条例》（2008，国令第536号）、《中华人民共和国食品安全法实施条例》（2019，国令第721号）、《关于进一步完善和规范流通环节乳制品市场主体准入有关工作的通知》（2011，国家工商总局67号）、“限娱令”（2011，国家广播电视总局）、“限古令”（2019，国家广播电视总局）、“限籍令”（2020，国家广播电视总局）……这些与人们生活息息相关的行业法规条例，不止一次地被修订完善，然而，类似的问题似乎始终存在。

明察秋毫，破浪前行

为什么在实际执行过程中，经常会出现政府“三令五申”后该类事件却仍未消失的怪象与怪圈？难道是政府机构“法令”的威慑力不够大吗？其原因何在？限于篇幅，我们在这里仅列举存在于我们观念和执法行为中的三种原因：

（1）**法不责众**。许多人都存在一种侥幸心理，认为只要是大家都在做的事，即使其本身是违法的，但由于做的人多了，法律也就难以对违法者实施惩罚了。于是乎，明知不合法，“但你这样做了，那我也就跟着这样做”，逐渐地，似乎这件大家都在做的“违法的事”也变得“名正言顺”了。显然，这种观念暴露了很多问题，一是法律制度本身在发展过程中的不健全、不完善，使某些人有空可钻、有机可乘；二是长期以来，人们的法治观念淡薄，导致其做出很多不懂法、不依法的行为；三是执法人员的水平有限，执法行为不规范，受人诟病，导致其失去公信力。

显然，“法不责众”是法制不健全、法规不合理、法治观念落后、法治意识淡薄的产物。随着社会的进步与发展以及法律制度的不断完善，法律尊严与权威将被不断强化，这种落后的观念也终将得到改变，无论违法者的人数有多少，违法必究。

（2）**上有政策，下有对策**。顾名思义，这是指上级部门出台了一项政策，下级部门在执行过程中不严格执行，甚至是钻空子，搞文字游戏，阳奉阴违，敷衍了事，中饱私囊，其结果是上级机关“有令不行”“有令难行”“有令虚行”，使政府机构形象受损、公信力受挫、行政管理成本上升，最终导致整个社会管理效率低下。

（3）**惩罚力度不够**。若一个人或一个品牌犯错的成本很低，其犯错后所受的惩罚不仅无伤大雅，还可以改头换面再换个地方重新开始……这说明了什么？难道是社会在进步，人们对一些人所做的“错事”的容忍度提高了吗？肯定不是！导致品牌铤而走险，不断触及道德底线或法律底线的行为，在更大程度上说明了社会的“惩罚力度不够”。如果相关政府部门对那些有损消费者利益、有损行业发展、有损社会进步的“违规”企业，违法必究、严惩不贷，那些敢为一己之利铤而走险的企业是否会有所收敛呢？

就像人们常常认为只要有个权威机构能抓出个“替罪羊”，严惩“罪魁祸首”，就能正本清源、扭转不利局面。但是事实真的那么简单吗？

“替罪羊”效应能否解众困?

“替罪羊”一词起源于《利未记》(Leviticus),其中记载了一段故事,以色列人在赎罪祭上将山羊放逐到无人之境,而以色列人的罪过便被这只被献祭的山羊带走,抑或说,这只山羊承载了以色列人的所有罪过,它远离尘世,就能使以色列人得以解脱。这只山羊即为“替罪羊”。“替罪羊”的毁灭可以帮助群体社会重归平静,这一过程被学者称为“替罪羊机制”。换句话说,“替罪羊”就是在替代群体中其他成员遭受惩罚,随着“替罪羊”的毁灭,群体中其他成员的罪过似乎也都随之消失了。

“替罪羊”效应随处可见

“替罪羊”效应不仅存在于我们生活的方方面面,也常常被运用到各个学科领域中。当然,该效应更是作用于本书所探讨的危机事件中。还记得我们在本书中一再提起的2008年“三聚氰胺”事件吧？在全行业危机的三级响应模型中，详见图8-1，我们可以清晰地看到当全行业危机发生时，随着时间的推移以及危机的蔓延，品牌、行业、政府都会做出相应的响应，而“替罪羊”的出现，不仅预示着危机即将进入修复期，而且也有可能为众多品牌提供重生的可能性。

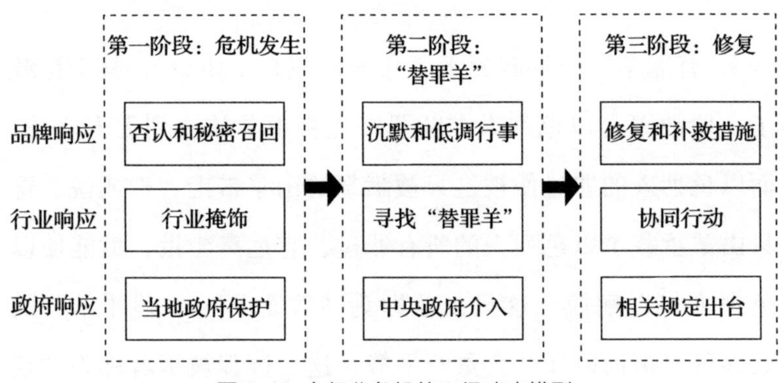

图8-1　全行业危机的三级响应模型

而这个“替罪羊”效应[①]，在我们随后对招募来的消费者所进行的深度访谈中也得到了证实。具体论据如下。

（1）**找到了情绪宣泄的“出口”**。面对危机，消费者表达了愤怒的情绪，并拒绝信任任何相关品牌，同时尽量避免

①GAO H，KNIGHT J G，ZHANG H，et al. Consumer scapegoating during a systemic product-harm crisis[J]. Journal of marketing management，2012，28（11-12）：1270-1290.

购买相关品牌或产品。

（2）**危机暂时结束的“标志”**。消费者认为，对三鹿进行惩罚标志着“三聚氰胺”事件的结束。有消费者在访谈中提到，其他乳制品品牌会从三鹿身上得到教训，在未来会变得更好；还有消费者认为，三鹿受罚意味着行业监管将更加严格。

（3）**其他品牌获得了暂时解脱**。大多数受访者都认为，所有相关品牌都应该受到与三鹿同样程度的惩罚，但由于三鹿做了行业的“替罪羊”，从而让其他相关品牌得以“解脱”。

（4）**解除“信号”持续发酵**。在随后进行的一系列关于消费者的实验研究中，我们也发现，在多品牌危机甚至是行业危机发生后，消费者很可能会将“替罪羊”品牌的受罚视作危机解除的信号，而该信号会进一步促使消费者回归到市场中。危机越严重，这种信号效应越明显。也就是说，当多个品牌陷入重大危机时，消费者对这些品牌的信任水平急剧下降，但如果其中一个品牌受到了惩罚，成为“替罪羊”，则消费者对其他危机品牌的信任水平会有所恢复。

“替罪羊”效应是如何起作用的

根据研究，我们发现并揭示了多品牌危机下消费者的认知过程，详见图 8-2。

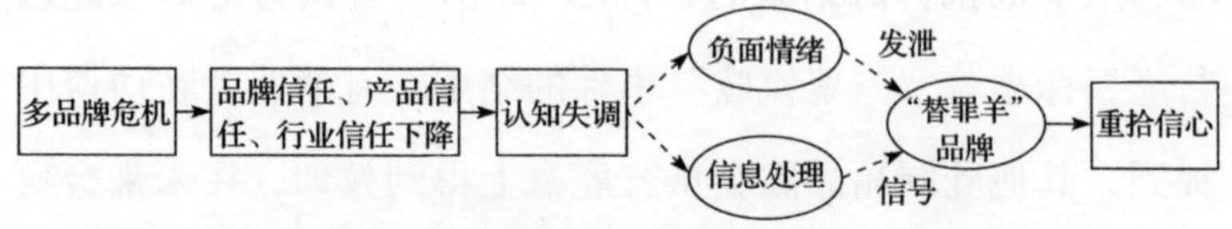

图 8-2　多品牌危机下消费者的认知过程

当行业内的多个品牌陷入危机后，消费者不仅对危机品牌的信任水平会降低，而且对其他相关品牌，甚至是整个行业的信任水平都会降低。如果消费者考虑购买相关产品，其行为（考虑购买）与此时的态度（不信任）就出现了不一致。这种不一致引发了认知失调①，使消费者产生不舒服、愤怒、难过、担忧等负面情绪，同时使消费者更关注随后披露的相关信息。

“替罪羊”品牌受到惩罚，会诱发两方面结果。一方面，消费者抓住了一个发泄对象，将自己的负面情绪转移到“替罪羊”品牌身上；另一方面，这一事件向消费者传达了一个信息，即危机已经结束，消费者在接收到这一信号后也终于松了一口气，觉得“看到‘替罪羊’品牌这么惨淡的下场

① 认知失调理论最早由费斯廷格提出，出自 1957 年斯坦福大学出版社出版的《认知失调理论》。认知失调是指当个体同时意识到两种不一致的认知时出现的紧张感。一般情况下，人们的态度与行为是一致的，如我们不会购买自己不喜欢的产品。但有时态度与行为也会出现不一致，这种情况常常会引起个体的心理紧张。为了克服这种由认知失调引起的紧张，人们倾向于采取一定的方法，减少自己的认知失调。

后，其他品牌难道还不吸取教训、长长记性吗？”“以后它们应该不敢了吧？”此时，这个“替罪羊”品牌就成了“杀鸡儆猴”中的那只“鸡”。

总而言之，惩罚“替罪羊”或者“杀鸡儆猴”，虽然将被惩罚的品牌置于无法翻身之地，但对于行业中的其他品牌来说，似乎又为其提供了一个喘息的机会。因为，当品牌危机涉及多个品牌甚至是整个行业时，大多数消费者可能都会将危机事件视为该行业的“潜规则”，并深信所有品牌都是这么做的。这样一来，对于真的涉事品牌而言，其品牌所受到的负面影响将被稀释；对于行业里个别独善其身的品牌来说，其品牌却受到了无辜牵连。很明显的是，“替罪羊”效应对第一种品牌来说是“偷着乐”，对第二种品牌来说就是“洗清冤情”了。

“替罪羊”效应并非万能钥匙

“替罪羊”品牌并不是在任何情况下都能拯救其他相关品牌。我们的研究表明，对于受多个品牌危机影响的企业来说，有两个极其重要的问题。

（1）**你的产品是什么样的？**其他企业的产品能够在多大程度上替代你的产品？如果你的产品可替代性很高，那么消费者根本不会经历认知失调，他们会直接且坚决地抛弃你，拥抱跟这场危机扯不上任何关系的企业。只有你的产品对消费者来说既重要又难以被取代时，你才有“偷着乐”或“洗清冤情”的机会。

（2）**你的消费者是什么样的？**他们是否有比较高的认知闭合需求？所谓的认知闭合需求是，人们为了打破某种模糊性而产生的对任何答案的需求。①换句话说，为了解决心里的疑惑，人们会千方百计地试图寻找“可能的答案”。于是，对认知闭合需求水平比较高的人来说，他们更倾向于尽快结束某种不确定性，尽可能长久地保持某种确定的状态。②因此，在面对多品牌危机这样一个高度不确定的情况时，认知闭合需求水平高的消费者更希望危机赶紧结束，而“替罪羊”品牌的出现会更容易影响到这些消费者，从而给你的品牌以恢复的机会。

综上可见，“替罪羊”效应的确能在一定程度上遏制危机的发展进程，阻止危机的进一步恶化，化解消费者心中的怨恨。但是，在全行业危机中，各主要参与的品牌、行业、各级政府在危机演进过程中不同程度的表现与反应，也反映了危机的复杂性、多变性和持久性。因此，揭示危机事件中

①Kruglanski，A. W. Lay Epistemics and Human Knowledge：cognitive and Motivational Bases［M］. New York：Springer，1989.

②KRUGLANSKI A W，WEBSTER D M. Motivated closing of the mind："seizing" and "freezing"［J］. Psychological review，1996，103（2）：263-283.

各主要参与者在各个阶段中所处的地位、所扮演的角色以及行为，对了解“替罪羊”是否应该出现，应该何时出现，出现后对危机“告一段落”是否真正有效，都具有重要的启示作用。

行业协会的权威性有说服力吗？

当品牌危机席卷而来，从单一品牌扩散至多个品牌，甚至蔓延到整个行业时，涉事企业自身的力量便显得尤为单薄，政府出面可以加快危机的解除，但对于行业而言，政府决策具有很强的权威性和不可控性。那么，行业能否将命运掌握在自己手中呢？作为行业自律机构的行业协会，是否能助力遭遇危机重创的行业走出泥潭呢？

行业协会，自愿自律

从国内外有关行业协会的定义中可见，行业协会是自愿、自律、自我管理和监督的组织。根据美国《经济学百科全书》中的定义，行业协会是“一些为达到共同目标而自愿组织起来的同行或商人的团体”。我国北京市商务委员会将行业协会界定为“介于政府、企业之间，商品生产业与经营者之间，并为其服务、咨询、沟通、监督、公正、自律、协调的社会中介组织”。从这些定义中可以看出，作为一种民间性社会组织，行业协会主要是行业从业者自发形成的，并且能够在政府、企业、消费者三方之间起到润滑剂的作用。对于身处行业的企业来说，行业协会通过协调、互助、交流、调解等职能服务于企业；对市场中的消费者而言，行业协会具有一定的专业性和权威性。因此，当行业面临危机时，行业协会有权利也有义务促进危机的解决。

行业协会，功不可没

在我们进行的关于消费者的实验研究中发现，行业协会在多品牌危机中具有重要的作用。当多个品牌陷入危机，消费者不仅无法相信涉事品牌，还会连带质疑未被曝光的品牌。相比于企业，行业协会的可信度更高、专业性更强，消费者更愿意相信行业协会。因此，在多品牌危机下，行业协会的响应能够有效控制危机在整个行业中的扩散，防止没有问题的品牌受到牵连。

2006 年 3 月，英国食品标准局在其官方网站发布消息称，可口可乐旗下的芬达和百事可乐旗下的美年达等饮料中的苯含量超标，可能存在致癌风险。国内媒体也纷纷对该消息进行了报道，引发了舆论关注。可口可乐（中国）和百事可乐（中国）对相关质疑一致否认，但效果甚微。随后，中国饮料工业协会做出公开声明，表示英国食品标准局的检测结果显示，这些饮料的苯含量很低，不会对公众健康造成威胁。[①] 中国饮料工业协会的响应帮助相关企业和饮料行业迅速摆脱了这一危机事件带来的负面影响。

行业协会，效有“边界”

当然，行业协会的响应并不是在所有情况下都同样有效。我们的研究发现，以下四个重要的因素会影响行业协会响应的效果：

（1）**行业协会的公正性**。从国内外有关行业协会的定义中可见，行业协会是自发、自律、自我管理和监督的组织。它的公正性是其权威性的重要来源之一。因此，危机当头之时行业协会的“发声”，其权威性到底有多强，取决于它一直以来在企业和消费者心目中的形象。行业协会的形象一旦被公众认可，其权威性自不必说。

（2）**品牌危机的根源**。在第三章中我们曾提到，从法律的视角来看，品牌危机可以划分为可辩解型危机和不可辩解

① 南方日报．芬达美年达引发“苯”风波．新浪网 [EB/OL].（2006-03-09）. https://news.sina.com.cn/o/2006-03-09/09138398674s.shtml.

型危机。可辩解型危机本身的严重程度不高，对消费者的冲击不大，企业自身或许足以应对；而深陷不可辩解型危机的企业违反了相关法规，企业本身无法辩驳，这类危机也更有可能波及行业中的其他企业，此时行业协会的响应也就更为有效。

（3）**危机品牌的声誉如何？**心理学中的“晕轮效应”①在危机管理领域同样具有效力②，当一个形象好、声誉高的品牌出现问题时，消费者往往会忽略与危机事件相关的信息，更相信自己以往对该品牌的印象。因此，当陷入危机时，声誉高的品牌做出的应对更容易被消费者理解和接受，声誉低的品牌就没那么幸运了，消费者很可能不会接纳它针对危机做出的任何努力，而此时它和受牵连的行业中的其他企业就要寄希望于行业协会的努力了。

（4）**消费者有多在乎？**在一个信息大爆炸的时代，每天环绕消费者的信息太多了，他们只能选择性地接收和处理。似乎每一天都有品牌危机发生，消费者会同等程度地关注所有事件吗？当然不会，他们只会关心与自己相关的产品和品牌。相关程度越高，消费者越在乎，危机发生时他们越

---

① 晕轮效应又称成见效应、光圈效应等，指人们在交往认知中，对方的某个特别突出的特点、品质就会掩盖人们对对方其他品质和特点的正确了解。

②COOMBS W T，HOLLADAY S. Unpacking the halo effect：reputation and crisis management[J]. Journal of communication management，2006，10（2）：123-137.

恐慌，越会主动搜集相关信息、关注事态发展。对在乎的消费者而言，行业协会的响应并无太大影响，危机是否波及他人，全由他们自己说了算。反之，如果产品和品牌与自己相关程度不高，消费者也就不太在乎，对各方面信息的了解也不怎么深入，行业协会如果有所行动，便可能对他们产生更大的影响。

借助媒体发声有益还是有害?

想象一下你是如何跟进品牌危机的进展的。当某个品牌出现问题，媒体对其进行了曝光；其他品牌也出现了类似的问题，媒体对其进行了报道；这个问题似乎是整个行业的潜规则，媒体对其进行了推论；社会舆论不断发酵，各方力量在媒体平台上展开热烈讨论；一些品牌发表声明，在媒体上表明态度；行业协会发挥作用，通过媒体发声；政府机构行使权力，将结果公布在媒体上；危机解除，各方的声音渐渐消失在媒体上……

或许你已经发现了，媒体在品牌危机发展的全过程中都是不能被忽视的重要力量。作为公众与企业、行业协会、政府机构等各方之间的桥梁和纽带，媒体通过信息传播功能推动品牌危机向前发展。从某种意义上来讲，媒体“孕育”了品牌危机，并推动了品牌危机的发展进程。

媒体是一把双刃剑

一方面，媒体对品牌危机进行及时的跟踪报道，能够让更多的人了解事情的真相，降低信息的不对称性，令危机事件透明化，这对品牌危机的解决具有积极的意义。另一方面，媒体并不总是公正客观的，它们也有自己的立场，有其追求的利益，为了博人眼球，部分媒体断章取义、夸张夸大情况、误导消费者的情况时有发生。此时，媒体不仅不能促成危机解决，反而会激化矛盾，加剧消费者的恐慌和焦虑情绪，更有甚者会给消费者营造出一种恐怖氛围，在消费者内心留下创伤，这很可能使消费者在日后出现应激反应。

媒体具有“推波助澜”的作用

媒体有助于信息的广泛传播，为消费者提供信息，向企业施加压力，为品牌提供表态的平台，向公众宣告重大进展。媒体“推波助澜”的作用，推动一场品牌危机从潜伏期走向爆发期，从爆发期迈向蔓延期，再从蔓延期发展到解决期，最终实现危机的终结。在媒体的助推下，一场危机渐入高潮，轰轰烈烈，再归于平静，并促进企业和行业从危机中恢复。

媒体具有不可控性

媒体不是企业的媒体，它是一股相对独立的力量，不受企业摆布。因此，企业想要通过媒体说出的话，和媒体传递给消费者的话，并不一定是完全一致的。媒体的评论和解读，与企业的初衷有可能背道而驰。如果企业完全寄希望于自身无法掌控的媒体来解决危机，风险着实有点高。

消费者对媒体的“免疫力”在提升

不过，企业也不需要过分担心消费者被媒体牵着鼻子走。毕竟，媒体上的信息，消费者相不相信都还不一定呢！

如今的信息时代里，媒体的种类和数量都太多了。在媒体上炒得火热的不实报道比比皆是，消费者早就对媒体具有一定的“免疫力”和“鉴别力”，并能区别对待了。

官方媒体客观权威，可信度极高，深得人心，对于官方媒体上发布的信息，消费者的信任度较高；自媒体的内容由运营者自行制作和发布，主观性强，较难获得消费者信任，自媒体的内容很可能也就是让消费者看个热闹；处于上述两个极端之间的、其他机构运营的媒体，水平参差不齐，过往的信用记录迥异，在能否获得消费者信任方面存在巨大差异，甚至很多时候消费者也无从分辨这些媒体所报道的信息的真假，很可能索性就都不相信了。这么看来，有时候，企业通过媒体发声可能既无益也无害，只是做了无用功。

企业才是自己真正的“救世主”

政府机构出面惩戒，具有强制力，威慑作用大，有助于终结危机；“替罪羊”品牌受罚，可以帮助行业更快恢复；行业协会的发声，具有专业性和一定的公正性，能拉处于水深火热中的企业和行业一把；企业借助媒体发声，也可能积极引导危机进入解决期。然而，对于企业来说，各方力量都能成为救命稻草吗？显然，这些都是不可缺少的外部力量，是有助于企业脱离险境，重获新生的“助推力量”，但要真正获救还得依靠企业自己。在第三章中，我们曾提出企业应“心存善念、精益求精、敬畏生灵、向光前行”。在此，我们将进一步用企业的实际行动，来验证这些“理念”。

行稳，方能致远

读到这里，或许你会有些迷茫，我们一直在讨论品牌危机中的企业应如何脱困，也列举了数个经过理论和实践检验的有效力量，但又似乎一直在否定他们的价值。那么对于企业来说，政府、“替罪羊”、行业协会、媒体之中，谁才是真正能解决问题的那一个呢？从企业自身视角出发，答案很简单：谁也不是。

不可否认的是，我们提到的各方力量都能在不同程度上促进危机解除，但是正如你已经读到的那样，每一股力量在发挥作用的时候，都有其弱点和局限性。最关键的是，这些力量都来自企业外部，独立存在，因此都不是企业能够控制的！其作用后果也有着多重可能性，对企业而言，完全寄希望于这些外部力量，可能会面临巨大的风险！

2019 年 5 月 16 日，美国将华为列入实体清单，在未获得美国商务部许可的情况下，美国企业将无法向华为供应产品，这使华为遭遇重大打击。华为手机无法使用高通芯片，拥有安卓系统的谷歌停止与华为合作……2020 年，美国升级对华为的制裁，要求使用美国芯片技术和设备的外国公司要先获得美国的许可，才可以将芯片供应给华为和其关联企业。在此形势下，华为的相关业务，尤其是国际业务损失惨重。为了自救，华为在困境中积极地采取了多项措施，在美国制裁生效前大量囤积核心零部件，在提高国产零部件比例的同时，降低美国产零部件比例，等等。最关键的是，华为持续、努力加大在人才和研发领域的投入。2021年华为年度报告显示，公司研发投入为1427亿元，占全年收入的22.4%，创历史新高。正如孟晚舟所说，华为的策略是面向未来，通过技术强度和人才浓度来保证持续创新能力，最终穿过劫难黑障区。在如此困难的环境下，虽然华为2021年销售收入同比下降28.6%，但依然实现了净利润1137亿元，同比增长75.9%。对于华为来说，未来依旧困难重重，但通过自身的努力，它在2021年“活了下来”。[①②③]

知行，贵在合一

经历了2008年“三聚氰胺”事件危机后，蒙牛管理层痛定思痛，自2012年起，蒙牛引入“阳光运动”的价值观，摒弃过去一味删帖、掩盖等行为，选择坦露自己，直面问题，积极承担责任，并进行补救。与此同时，倡导树立

---

① 腾讯网．解读华为2021年财报：收入同比下降28.6%，净利润却大增75.9%，原因何在？腾讯网[EB/OL].（2022-03-28）. https://new.qq.com/rain/a/20220328A0C61F00.

② 腾讯网．全文｜华为2021年年度报告发布会媒体采访实录．腾讯网[EB/OL].（2022-03-29）. https://new.qq.com/rain/a/20220329A023WM00.

③21世纪经济报道．美国首次将华为列入“实体清单”：到底谁更受伤？新浪财经[EB/OL].（2019-05-16）. https://finance.sina.com.cn/world/2019-05-16/doc-ihvhiqax9198019.shtml.

"新蒙牛，心沟通"的新品牌形象，具体包括请消费者参观生产车间和奶源地，加大高档奶促销力度，推广"放心奶工程"；高管发表"承诺书"、召回问题奶粉及办理消费者退货、联络大 V 与媒体、消费者直播见面"对话"，主要负责人答疑、与政府沟通"协调"等[①]，蒙牛不懈努力，在加强质量管理的同时，全方位推出各项改良举措，使企业一次次摆脱了危机困扰，维持了品牌对外的良好形象，并使企业保持了基本稳定的发展态势，详见图 8-3。

2015 年后，蒙牛品牌的后续公关体系也在不断地改进，具体归纳如下：

- 姿态转变，从"好品质好生活"到"只为点滴生活"，提出"点滴幸福"的概念；
- 细节转变，一改高歌猛进的发展战略，让每个细节落地；
- 更加关注消费者的信任，开展以消费者为核心的品牌营销，通过品牌沉淀形成对品牌发展的推动力，如赞助新综艺、电影及赛事等；

---

① 引自北大管理案例中心"蒙牛：危机应对策略的演进"。

蒙牛典型"危机公关"自救大事件

乳业品牌危机爆发及蒙牛品牌修复（2008年9月—2012年）

2008年9月
中国乳品业品牌危机爆发

原因：三鹿爆出"三聚氰胺"事件，波及多家国内乳业品牌，蒙牛同陷危机

品牌影响：蒙牛等多厂家奶粉被查出含"三聚氰胺"；多国禁止进口中国乳制品；陷入中国制造商信誉危机

响应：微博公开道歉，处理问题奶粉，积极承担责任，进行如加大高档奶促销力度、邀请消费者参观奶源地等补救活动；组织媒体参加质量会，与媒体坦诚沟通；发起"新蒙牛、心沟通"活动，开放工厂参观并邀请大V直播，参观后与总裁进行深入交流

陕西榆林"学生奶"（2011年4月）

原因：陕西榆林小学生饮用纯牛奶后16人出现恶心、呕吐等症状

响应：北京团队立刻飞往榆林，全力配合当地政府开展相关工作，并回收封存同批次产品

事件发展：官方通过检测显示学生奶无质量问题

品牌影响：事件对蒙牛品牌形象仍造成一定打击

经销商"涂改日期"（2012年8月）

原因：蒙牛浙江义乌一经销商篡改纯牛奶生产日期并售出，被当地工商、公安部门查证，当事人被刑拘

初次响应：总公司发声致歉，日后加强管理

品牌影响：难平息网友愤怒，持续几日作为网络热点

再次响应：官博声明致歉，表示会全面配合公安机关的调查，无条件回收涉案产品，对消费者做出赔偿，并将大力整顿销售环节，努力做到公开透明，坦诚面对问题

调制乳"标准不清"（2014年8月）

原因：重庆职业打假人向法院提交诉讼，称其部分产品为调制乳，不该称"牛奶"，涉嫌欺骗消费者，因被"打假"再度卷入媒体风口浪尖

响应：立刻回应，并积极进行产品标识改动；积极对接政府，寻找药食总局帮助联系卫计委和乳业协会进行回复，寻求法律依托；重视案件审理，聘请资深律师团队，展开多方取证

代言人"负面新闻"（2020年4月）

原因：代言人肖战事件引发品牌危机还未尘埃落定，纯甄代言人罗志祥又被曝出人设崩塌

响应：蒙牛紧急撤换代言人，重新更换海报；将相关代言人的物料撤下，极力安抚消费者受伤的心

爱奇艺"倒奶事件"（2021年4月）

响应：官微致歉，表示积极反思整顿，并公布退货方案，处理未使用产品

图 8-3　蒙牛典型"危机公关"自救大事件

- 提升品牌社会责任感，从重市场向能够平衡经济与社会利益的公众企业转变，如赞助央视"最美乡村"节目、打造"营养普惠"等理念和开展相关活动；
- 注重文化传承，传递老蒙牛人的创业故事、弘扬蒙

牛人艰辛奋斗的时代精神等，如拍摄纪录片“蒙牛的成长”、参与“我们的时代、十年敢想录”这类关于成长与变化的纪录片拍摄；

- 搭建自媒体体系，在运用传统媒体的同时更加注重自媒体作用，通过微博、微信建立客服平台，快速响应消费者投诉并促进沟通；
- 借助国际高端平台，讲述中国品牌故事。近年来，蒙牛通过赞助世界杯足球赛、环球影城、迪士尼、2022 年国际足联卡塔尔世界杯等国际高端平台，推进中国故事和中国声音的全球化表达，促进中国品牌、中国精神和文化的输出。

与此同时，蒙牛在经营上也在加速以中国智慧布局全球产业链。经过多年海外布局，蒙牛在“汇聚全球资源引领高品质生活”理念的指引下，不断拓展海外市场，成为中国首家在海外开展全产业链布局和国际化程度最高的乳制品企业。

守正，终见云开

从国内四大乳制品品牌的市场表现也可以看到，企业自救行为正在为企业赢得机会与希望，详见表 8-1 和图 8-4。从表 8-1 和图 8-4 可知，2015—2020 年，伊利营业收入逐年递增，光明整体递增，只有 2018 年略有下降；蒙牛和三元 2015—2019 年也是逐年递增，只有 2020 年略有下降。

现在，重新回到我们最初的问题，即“我到底应该怎么办呢？”

答案依旧简单：你自己！企业自身才是自己真正的“救世主”，自己的命运由自己掌控。

表 8-1　国内四大乳制品品牌营业收入（2015—2020 年）

（单位：亿元）

	伊利	蒙牛	光明	三元
2015 年	603.60	490.27	193.73	55.23
2016 年	606.09	537.79	202.07	58.54
2017 年	680.58	601.56	220.23	61.21
2018 年	795.53	689.77	209.86	74.56
2019 年	902.23	790.30	225.63	81.51
2020 年	968.86	760.35	252.23	73.53

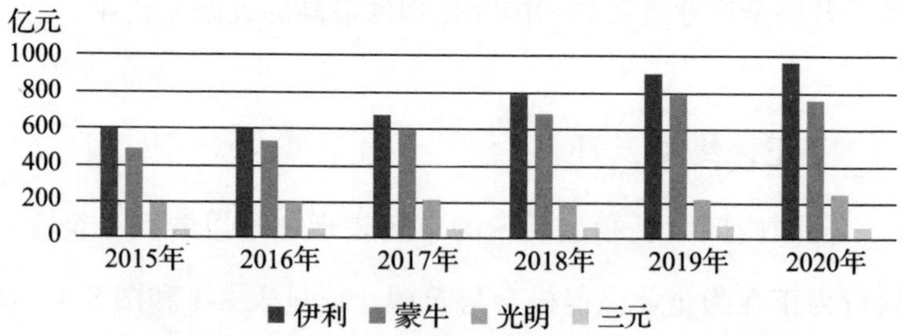

图 8-4　国内四大乳制品品牌营业收入（2015—2020 年）

本章小结

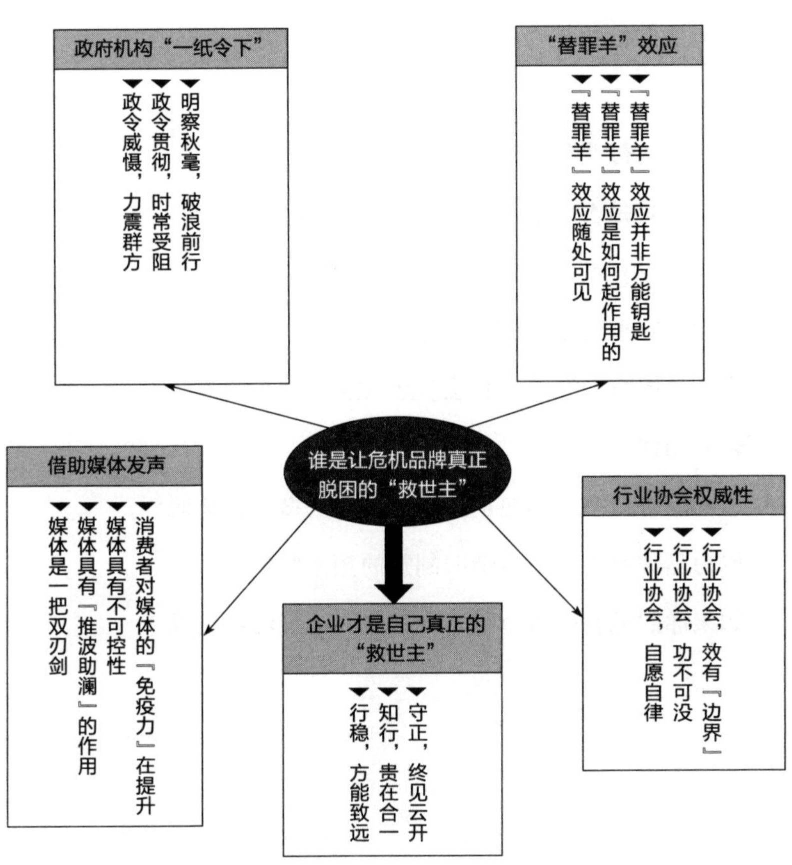

图 8-5　本章内容逻辑示意图

品牌的自我诊断

1. 你所处的行业是否正受到政府扶持？或是正受到政府的严格管制？
2. 你所处的行业有哪些法律法规？
3. 你的品牌是否有违反法律法规的行为？如果是，行业中的其他品牌也有类似行为吗？
4. 你的品牌平时是低调的还是高调的？
5. 你所处的行业有行业协会吗？如果有，行业协会的能力和凝聚力如何？
6. 你的品牌善于使用包括新媒体在内的多种媒体吗？
7. 你的品牌有针对危机情况制定的预案吗？
8. 如果你的品牌陷入危机，你可能会采取哪些行动？

第九章

大数据时代下企业的危机管理——“浴火重生”

“昨晚看电视新闻了吗？品牌A被曝光了”“早上看报纸了吗？品牌B出问题了”……20年前，我们是如何了解品牌危机的呢？看电视、读报纸、听别人谈起，是最主要的获取信息的途径。

“网上都传疯了，品牌C出事儿了”……生活在当下的你，对这句话是不是感到非常熟悉呢？伴随着信息技术、互联网和社交媒体的快速发展，现如今是数字时代、互联网时代、大数据时代……微信、微博、新闻客户端等网络媒体成了人们获取信息的主要渠道。

大数据时代下品牌危机传播的特点

大数据时代，多种因素的相互作用，导致其形成了两个最突出的特点，见表9-1：一是以互联网为主的各种媒介产生和收集的信息是海量的，二是这些信息通过互联网等媒体传播的速度是极迅速的。在大数据时代，品牌危机的传播和发展模式也与以往有了很大不同。

表 9-1　大数据时代信息传播的特点、形成原因及最终结果

信息传播特点	形成原因	最终结果
信息海量	消费者主动性强 危机信息来源多样 信息发布门槛较低	碎片化信息 互联网记忆难消除
传播速度极快	裂变式传播 爆发式蔓延 交互式扩散	

特点 1：信息海量

“大数据时代”这一名称的由来就在于当今网络上存在非常大数量的数据，即海量的信息。海量信息产生的原因主要在于互联网发布信息的容易性。简单来说，几乎任何人都可以在任何地方发布任何信息。因此，与品牌危机相关的信息可能由大量不同的主体，在各种各样的互联网媒体上进行传播。这就使得消费者、企业员工等群体在大数据时代的品牌危机信息传播过程中拥有了更大的话语权。海量信息的形成原因可总结为三点：

（1）**消费者主动性强**。传统媒体时代，消费者只能作为品牌和企业信息的被动接收者。大数据时代，信息搜索成本的大幅下降使消费者更加主动地去查找和收集品牌的相关信息。此外，每个消费者都拥有了“自媒体”功能，在网络平台上扮演的角色越来越重要。消费者转变为与品牌双向互

动的参与者，甚至是信息与价值的主动创造者。在大数据时代，消费者可以参与价值共创，与品牌共同创造价值，成为助力品牌价值增长的重要力量。这对于品牌来说，是机遇，更是挑战。因为，除了正面的价值，消费者还更多、更积极地参与了负面信息的创造与传播。因此，在大数据时代，消费者同样会“助力”品牌危机等相关负面事件的发生和发展，在品牌危机的发展过程中，消费者的主动性也变得更强了。

2021 年 10 月 20 日—10 月 31 日天猫“双十一”预售期间，馥蕾诗（Fresh）天猫官方旗舰店通过李佳琦直播间推出价格低于五折的面膜套组，销售火爆。11 月 1 日开始支付尾款后，许多网友吐槽，该品牌存在客服不理人，不能及时解决尾款不正确等问题。11 月 3 日，在微博李佳琦超话里，开始有网友曝出自己收到的馥蕾诗面膜存在量少不满、包装盒发霉、产品漏出等问题，且人工客服未及时答复。11 月 4 日起，馥蕾诗官方微博评论被网友刷屏，反映产品包装无封条、缺斤少两、发货不及时 / 错漏和客服不理人等问题；同时，大量消费者在小红书上发笔记声讨该品牌品控。11 月 8 日—11 月 11 日，知乎、新闻类网站出现相关负面新闻报道。[①]

---

① 界面新闻 . 馥蕾诗发空瓶，双 11 十年之怪现状 . 界面新闻 [EB/OL].（2021-11-09）. https://www.jiemian.com/article/6794969.html

无独有偶，在2021年天猫“双十一”预售活动中，与馥蕾诗同样在直播间“翻车”的品牌是欧莱雅。在这次活动中，欧莱雅官方旗舰店在李佳琦直播间、薇娅直播间推出被欧莱雅官方称为“全年打折最大力度”的促销活动，原价525元/20片的安瓶面膜，仅售429元，并额外赠送30片。该活动预告公布后，大量消费者关注了直播间并支付定金。然而，就在预售结束后的11月初，消费者发现在欧莱雅品牌直播间直接购买同样产品的到手价格（品牌方持续发放大量优惠券）远低于预售期在李佳琦和薇娅直播间的价格。于是，大量消费者申请退款，却遭到客服无视并被强制发货。事件在几天内迅速发酵，消费者投诉欧莱雅品牌存在虚假宣传、客服不理人、虚假发货、欺骗消费者等问题，表示“对欧莱雅这个大品牌很失望”“希望欧莱雅滚出中国”……[1]天猫平台显示，针对欧莱雅虚假宣传的投诉量超2.5万。2021年“双十一”期间，消费者通过多种网络渠道发表了大量对馥蕾诗和欧莱雅的意见，其中包括在新浪微博、小红书等社交媒体上发帖，在新闻类网站、内容类网站等多个平台上评论、转发，在购物平台上给予品牌差评……其他消费者通过这如此之多的途径了解到了馥蕾诗和欧莱雅的负面信息，很可能对品牌形成了较差的印

① 这些引用内容整理自新浪微博中该事件话题中的网友评论。

象，这会使其未来的购买决策受到消极影响。

想一想，当年“三聚氰胺”事件是怎么曝出的呢？是新闻媒体曝光。如今馥蕾诗和欧莱雅在“双十一”的危机又是如何发生发酵的呢？是大量普通消费者的自发反馈。十几年过去了，消费者不再被媒体牵着鼻子走，而是自己成为了媒体。然而，这些作为“自媒体”的消费者发布的信息都是完全真实可靠的吗？又或者，这些发布信息的“消费者”真的都是遇到了问题的购买者吗？

（2）**危机信息来源多样**。其实在大数据时代，“人人都有麦克风”，不仅是消费者在品牌信息的传播过程中具有了更强的主动性，企业自己的员工也有了更强的话语权。在众多的利益相关者中，企业内部员工可以算是最了解企业情况的了，毕竟他们掌握着内部信息。员工（和前员工）通过各种各样的网络媒体向外界传递自己对所属企业的看法、意见甚至是不满的现象已经非常常见。“××品牌员工揭秘公司不为人知的一面”“××公司前员工给你还原一个真实的××品牌”……你是不是也觉得以上标题和文章似曾相识？

在维护和处理员工关系方面，互联网时代的企业面临着更大的挑战。通过在互联网上发声，企业员工的表态直接影响品牌形象，直达消费者内心，甚至能左右消费者对品牌的态度和行为。

2020年9月8日，《人物》发布的一篇名为“外卖骑手，困在系统里”的文章刷爆微信朋友圈，引起社会公众广泛关注。通过对饿了么和美团两家平台外卖骑手的调查，文章指出两家公司为了减少外卖配送时间，通过运用算法和深度学习，在系统中为外卖骑手设置不合理的派送时间、含逆行的规划路线和高额的超时罚款，导致大量外卖骑手为了在规定时间内完成配送而违反交通规则，产生了越来越多的交通事故，威胁到了外卖骑手和社会公众的安全。

面对触目惊心的细节描述，消费者纷纷表达对两家公司压榨员工做法的愤怒，饿了么和美团的官方回应更是引发了争议。9月9日凌晨，饿了么率先回应，以“你愿意多给我5分钟吗?”发布新功能，并对历史信用好、服务好的优秀蓝骑士提供鼓励机制。对此，虽然部分消费者表示认可，但也有很多消费者认为这是平台将责任推给消费者的做法，甚至有消费者开始抵制饿了么平台。9月9日晚，美团也做出回应，以“感谢大家的意见和关心，我们马上行动”，表示将“更好地优化系统，为骑手留出8分钟弹性时间；做好安全保障，让骑手在最后一公里的配送更便捷；改进骑手奖励模式；关怀骑手及其家人；认真听取大家的意见。”

其实，算法问题是饿了么和美团两家外卖平台共同面临的问题，相关负面信息也同时涉及两家公司，但饿了么似乎比美团更接近事件的旋涡中心。结合本书前面的内容，你觉得这是为什么呢？

这场外卖平台公司面临的危机起点是其员工，原因是企业对员工的压榨。在大数据时代，危机信息迅速传播，几个小时内便广为人知并引发社会舆论高潮，使涉事企业不得不做出改变，调整相关决策。然而，这场员工与企业之间的较量并没有就此终结。

2021 年 2 月，有骑手继续在社交平台爆料称，饿了么平台在春节期间推出“畅跑春节优选系列赛”活动，共 7 期 49 天，奖金为 8 200 元，但饿了么平台在第 6 期临时提高对单量的要求，变相降低春节加班奖励。也有骑手表示，这就是在画大饼，自己已经后悔过年留下来了。① 事件迅速引发公众关注，很多消费者将该事件与此前的“算法”事件关联在一起。饿了么随后做出回应，向骑手们致歉并提出整改

① 澎湃新闻．饿了么致歉“骑手过年奖励变相降低”：有偏差的区域给予补偿．澎湃新闻网 [EB/OL].（2021-02-19）. https://www.thepaper.cn/newsDetail_forward_11381091.

措施。

一方面，与消费者有着近距离接触的企业员工也像消费者一样在大数据时代拥有了更多话语权，他们在品牌危机的传播过程中发挥着更加重要的作用，推动着企业做出改变，促使其更好地维护和保障员工的权益。

另一方面，互联网发布信息的便利性还体现在信息可以被轻易地发布在受众数量巨大的媒体上，这就导致出现在互联网上的品牌危机信息数量庞大、内容繁杂。

（3）**信息发布门槛较低**。互联网上的信息内容与传统媒体上的信息内容有着很大的差异。在传统媒体占主导地位的时代，信息发布的成本和门槛都比较高。无论是企业还是个人，想要向公众表达自己的观点或意见，都需要通过其他媒介。而在互联网时代就完全不同了，信息发布的门槛变得很低，普通大众都可以成为“自媒体”，他们能够以极低的成本、丰富多样的形式向外发布任何信息。正是由于每个人都可以成为信息传播的主体，所以互联网上的信息数量呈指数级增长，但信息内容却鱼龙混杂、真假难辨。消费者被海量信息包围，却更难看到事实的真相以及真相的全部。

特点 2：传播速度极快

互联网与传统媒体的最大不同在于，它具有广泛性、持续性和互动性。互联网不受空间限制，无论身处何处，只要满足连接网络的软硬件条件，你就能随意浏览互联网上的任何信息。网络平台上，信息传播也不再只是信息发布者到受众的单方向输出。通过评论、转发等方式，任何一个互联网用户都可以成为信息的载体，深度参与信息传播。尤其是负面信息，更加受到消费者的关注，大量学术研究的结果表明，负面信息对消费者的影响远大于正面信息，人们更有可能传播负面信息。正所谓“好事不出门，坏事传千里”。因此，当品牌发生危机，与品牌相关的负面信息被曝光时，在媒体和大量用户的共同作用下，互联网平台上的品牌危机信息会呈裂变式传播。

回想一下，你在电视、报纸等传统媒体上了解到的事情是什么时候发生的，相信几乎没有“此时此刻”吧！但互联网就不同了，它不但具有即时性，即用户能够查看到“正在”发生的事件，它还拥有“24/7”的工作时间，即每天 24 小时、每周 7 天不间断运行，用户能够随时在网络中浏览信息。因此，当品牌危机发生时，品牌负面信息很可能呈爆发式蔓延，危机的潜伏期将大大缩短。

如今，社交化已经成为互联网的重要特征和发展趋势。

截至 2021 年 6 月，我国网民规模为 10.11 亿[①]；截至 2021 年 9 月 30 日，代表性社交网站新浪微博的月活跃用户规模达到 5.73 亿[②]，社交工具微信的月活跃账户数为 12.6 亿[③]。除社交网站平台外，大量互联网内容平台也添加了社交功能。人们通过各种社交媒体进行互动，海量信息因此在人群中快速传播。当品牌出现危机时，负面信息通过社交媒体在消费者之间呈交互式扩散，一传十，十传百……品牌就能够在极短的时间里“打响知名度”。

正是由于信息在互联网上的传播是裂变式的，蔓延是爆发式的，扩散是交互式的，因此，包括品牌危机信息在内的所有信息都会以极快的速度传播。品牌危机在大数据时代的传播速度将超越以往任何时候。

馥蕾诗和欧莱雅在 2021 年“双十一”期间的经历，充分展现了品牌危机在大数据时代下传播速度快的特点。从危机初现到迅速发酵，再到人人喊打，只有短短几天的时间。对于品牌方而言，大概是体验了一回过山车式的刺激和一日三秋式的煎熬吧。

上述大数据时代信息传播的两方面特征带来的最终结果

---

① 中国互联网络信息中心. 第 48 次中国互联网络发展状况统计报告 [EB/OL]. (2021-09-15). http://www.cnnic.net.cn/hlwfzyj/hlwxzbg/hlwtjbg/202109/P020210915523670981527.pdf.

② 新浪微博 2021 年第三季度财报。

③ 腾讯 2021 年第三季度财报，数字中包含 WeChat 账户。

也有两个：碎片化信息和互联网记忆难消除。

最终结果 1：碎片化信息

在互联网上，信息发布门槛的降低使得媒体尤其是“自媒体”数量激增，信息变得极为分散，带来的直接后果就是信息碎片化。或许你有时也曾感叹，想知道某件事的来龙去脉怎么就那么难呢？没错，的确很难。其原因就在于，大数据时代，你虽然置身于海量信息之中，但每条信息都十分细碎，你看到的就是汪洋大海中的颗颗水珠，无法窥视水面的全貌。虽然信息体量小，但威力却不减，这些碎片化的信息依然在成千上万个角落影响着看到它们的人。

一个普通的消费者打开手机，很可能会惊叹，每个应用程序里都能发现馥蕾诗和欧莱雅在“双十一”期间所发生的品牌危机的相关信息。于是他/她开始好奇，这是怎么回事儿呢？看到大家都在说，好像有点明白，又似乎有点懵懂。但可以肯定的是，这两个大品牌惹恼了消费者，它们都不怎么样！

最终结果 2：互联网记忆难消除

传统媒体上发布的信息在某种程度上可以说是“阅后即焚”的，人们很难轻易地找到过往的资料。对于品牌危机来说同样如此，事件过去了，消费者就很难再随意查询到相关的新闻和报道，除非有人专门整理了相关信息，以备“旧事重提”。大数据时代的情况则完全不同，海量的信息存储在互联网上，人们可以随时、随地、随意地搜索和查看任何曾经出现过的信息。因此，如果品牌发生危机，只要没有刻意清理（由于信息的碎片化，清理工作的难度极高），相关的负面信息就会一直存在于网络世界的某个角落，待消费者发现。对于品牌来说，压力可太大了，这也意味着只要曾经出现过负面信息，它们就将成为品牌难以抹除的污点，说不定什么时候品牌就会再次遭受质疑和谴责。

在未来，尤其是每一年“双十一”临近的日子，消费者说不定都会在网络搜索功能的助力下，重温馥蕾诗和欧莱雅的品牌危机事件，并再次展开讨论。这会不会影响馥蕾诗和欧莱雅这些品牌未来的销售呢？

大数据时代，信息的主导权变得极其分散了。对于品牌而言，危机信息的可控性更弱，品牌危机的网络舆情也更加难管理了。

大数据时代下品牌危机中企业的抉择

热热闹闹的“双十一”预售活动中，馥蕾诗虽创造了佳绩，却难以享受纯粹的庆祝时刻。消费者的意见、质疑和不满如雪片般袭来，此时，它应该怎么办呢?

面对消费者在“双十一”预售期发生的“抱怨、不满和投诉”，2021 年 11 月 11 日，李佳琦直播间邀请到馥蕾诗中国区电商负责人 Eric Han，后者在直播中道歉并对消费者此前提出的问题一一进行了解释和说明，包括面膜包装没有封条（在运输过程中封条跟包装盒产生摩擦容易磨损，于是所有面膜的包装都没有封条，但所有产品都是从未开封的，退换的产品会被统一销毁，不会二次销售）、面膜分量不足（化妆品产品包装都会留些空间，以防运输过程中漏出，虽有部分面膜粘在了包装盖子上，但都不影响产品品质和质量）、客服不理人（促销期间人员不够，已增加客服人数）。

此外，Eric 还在直播间为消费者提供了 2 万份 0.1 元礼品秒杀、大额红包等作为补偿。[①] 网络上关于馥蕾诗的评价随即发生逆转，不少消费者都在赞扬品牌方处理问题的态度。

显然，如同过去一直发生的那样，当品牌危机发生时，企业走的每一步，都是在做选择题。大数据时代下，情况也没有什么不同，企业面对的几乎是同样的抉择，但其给出的回应却千差万别。这些选择题包括以下四个。

是否要做出响应

是否要对品牌危机做出响应是企业面临的第一项重大抉择。企业可以选择对危机置之不理，完全不做任何响应；也可以选择做出响应。在传统媒体占据主导地位的年代，不响应的策略虽然效果不是太好，但也不会差到不能成为一个选项。大数据时代下，这类情况就有所不同了，由于企业对危机信息传播的控制能力变弱，不做任何响应的方式可能会让情况更加失控。当然，互联网上的信息这么多，更新速度又快，说不定危机还没恶化就翻篇了呢？如果企业面对第一个抉择时，选择了否，那么后面的选择题也就不存在了。

---

① 中国市场监管报．负责到底！李佳琦直播间积极维护消费者权益．中国市场监管报网 [EB/OL].（2021-11-17）. http://www.cmrnn.com.cn/content/2021-11/17/content_207937.html.

什么时间响应

如果企业面对第一个抉择时，选择了是，那么接下来的第二个抉择就是在什么时间做出响应。时间点到底有多重要呢？在正确的时间做正确的事，对上加对；在错误的时间做正确的事，很可能错上加错。大数据时代，品牌危机发展速度更快，留给企业思考的时间更少，企业稍有犹豫可能就会错过解决问题的最佳时点。果断、干脆的品质和作风对这个时代的企业来说尤为重要。如果你是品牌的管理者，你会在危机一发生时就做出响应，还是先观望一阵子再说，抑或是会拖到不能再拖才付诸行动呢？

如何响应

做出了何时响应的决定后，企业面临的更重要的抉择是如何响应。否认、道歉还是补偿呢？大数据时代，企业可以使用的工具变多了，面对危机能够选择的响应方式也更多了，这其实是一道考查企业管理人员创造力的题目。

通过什么渠道响应

对企业来说，与如何响应同样重要的抉择是通过何种渠道做出响应。大数据时代，企业可以通过渠道的设计和选择做出精准响应，使响应更有效地到达他们想要影响的消费者群体。然而，企业需要谨慎地进行个性化应对，因为有时精准的策略会让部分消费者感到被歧视了，使品牌在他们心中“罪加一等”。

利用互联网大数据预防危机

大数据时代，由于品牌危机的传播速度快、企业对舆论的控制能力弱且负面信息很难消除，品牌危机一旦发生，企业将面临非常困难和被动的局面。因此，相比于事后应对，事前预防就显得尤为重要。

大数据时代风险与机遇并存。互联网是一把双刃剑，在使品牌更难预测和控制危机走向的同时，也为企业提供了更多、更有效的危机预防手段和工具。作为一个面向消费者的品牌，你可以在以下方面做出努力，提升自己预防危机发生、发展的能力。

监控日常网络舆情并对媒体信息进行深度分析

互联网为企业提供了便捷的舆情监控平台和海量的数据，网络上的信息多、杂、实时，且有互动性，品牌收集相关信息也更加容易。网络舆情能够比较精准地反映出消费者、各方媒体、社会大众等对品牌态度的变化，网络舆情的波动往往与品牌相关情况的变化相关联。品牌可以充分利用大数据资源，对在舆情监控中获得的信息进行深度分析，尝试揭开表面现象的面纱，探寻深层的逻辑与驱动力。

与消费者保持实时和充分的沟通

为什么网络舆情产生了波动呢？探寻这一问题的原因仅依靠冷冰冰的数据分析是不够的，品牌需要理解消费者内心真实的想法。因此，走近消费者，与消费者进行实时和充分的沟通是非常重要的，这有助于企业随时掌握消费者对品牌的态度。最近消费者对我们的品牌有所不满，是否是因为他们在某些地方对我们产生了误解？他们认为我们应该在哪些方面做出改进呢？企业只要认真、用心地倾听消费者的声音，这些问题都能得到解答；耐心、真诚地传递品牌的话语，消费者与企业之间存在的很多小矛盾都能在其发展为严重的品牌危机前得到解决。

对危机事件进行预判

如果品牌做好了上面两项工作，那么就可以基于这些工作的成果对危机事件进行预判了。品牌可以进行危机风险评估，即未来我们发生危机的可能性有多大。风险低，表明我们目前做得还不错；风险高，我们就要绷紧神经了。我们需要预测，可能出现的危机是关于品牌的哪个 / 哪些环节的？如果危机真的发生了，我们应该如何应对？

如果上述工作你都做得不错，那么即便品牌危机来临，你也不会太过惊慌，因为你已经对危机相关的各环节信息了如指掌了，所以应对起危机来也会更加得心应手。

利用互联网大数据应对危机

大数据时代，品牌危机的发展速度更快，后果更严重，对企业响应能力的要求更高。如果你的品牌真的发生危机了，是否就“完蛋”了呢？

依旧是那句话：互联网是一把双刃剑。它在为品牌应对危机提出了更多难题的同时，也为企业提供了更富创意的思路、更多的解决办法以及更大的发挥空间。大数据时代，风险与机遇并存。当然，机会是留给有准备的人的，如果你的品牌面临危机，可以考虑从以下几个方面努力，做好危机应对的工作。

迅速响应

如果只用一个字来概括互联网时代的特点，那就是“快”。发生在互联网时代的品牌危机瞬息万变，稍不留神，企业就很可能跟不上媒体及消费者的节奏了。低成本的海量信息使企业无法假装没有意识到问题的存在，并以此为借口不作为，因为消费者有太多的途径表达自己的意见。同时，消费者也在实时关注企业的任何动作。在你耽误的任何一秒钟里，危机信息都在互联网上以极快的速度扩散和发酵，等你意识到来不及了、必须要做点什么的时候，已经太迟了，你的迟缓和滞后会给你带来惨痛的教训。对于那些发生危机后没有做出及时响应的企业，消费者在互联网上的评论是这样的："这个品牌就是在搞拖延战术，能拖一天是一天，就是想拖到大家把这事儿忘了！""店大欺客，都这样了连点儿反应都没有，挺牛呗！""一点儿都不重视消费者！"这些言辞看着很眼熟吧？欢迎来到真实的互联网世界和大数据时代！那么，就请缩短等待和拖延的时间，抓紧行动吧！

迅速≠匆忙

只有速度是远远不够的，毫无准备或准备不充分的"快"，或许不如无懈可击的"慢"，匆忙应对很可能适得其反。

回顾前文提到的2020年9月8日火遍互联网的文章"外卖骑手，困在系统里"，这篇文章所引发的事件令饿了么和美团两大外卖平台遭遇巨大危机。事件发生后，饿了么在9月9日凌晨就迅速响应，但其在回应内容中写道：“你愿意多给我5分钟吗?”，并表示饿了么会尽快发布新功能、会对历史信用好、服务好的优秀蓝骑士提供鼓励机制，并在结尾处强调“每个努力生活的人都值得被尊重”。显然，这样的回应似乎把问题留给了消费者，而每个努力生活的人都值得被尊重的说法又极容易引起歧义，似乎消费者对企业的努力也不够理解，于是此举令消费者不满，反而使部分消费者对饿了么平台进行抵制。美团在9月9日也进行了响应（详见第九章案例）。[①] 在消费者看来，美团的回应内容似乎比饿了么的回应内容显得更具诚意，消费者对其的攻击也更弱。由于对饿了么过于愤怒，部分消费者甚至宣称不再使用饿了么，转为使用美团。两家业务相似、相互竞争的企业，同时被指责存在同样的问题，面临相同的品牌危机，响应的速度都很快（饿了么甚至比美团更快），但结果却大相径庭，回应更慢的那一个似乎反而因此而得利，可见一个不够好的快速响应，其效果还不如一个比较好的、哪怕有点慢的响应。

大数据时代，企业面对品牌危机的响应，既要有速度，又要有质量，二者缺一不可。响应太慢，即使做法深得人心，也会令人不耐烦，甚至很可能会在人们快淡忘的时候旧

① 详见“饿了么官方微博”和美团的雪球专栏。

事重提，重新激活话题热度，给自己造成二次伤害；响应不恰当，即使迅速又及时，也会引起消费者的不满甚至是愤怒，使品牌危机产生的负面效应扩大化。因此，在危机响应方面，大数据时代给企业提出了比以往任何时候都要高的要求，为了应对严峻的挑战，企业在“迅速”的基础上，还应当在更多方面做出努力。

精准应对

如果只用一个词来概括大数据时代的特点，那就是“精准”。海量的信息为企业提供了深度洞察每一个消费者的依据，标准化不再是这个时代人们所追求的目标，个性化才是。企业在利用大数据进行分析的基础上，可以制定个性化的营销组合策略，为消费者提供个性化的产品、进行个性化的定价、选择适合不同消费群体的个性化营销渠道、设计触达每一个目标消费者的个性化营销沟通手段。在这样一个个性化的时代，不同消费者在品牌危机中的诉求也极具个性化，企业的应对方案也应当是有针对性的、个性化的。此外，大数据时代，企业在通过海量信息获得便利的同时，也面临着巨大的挑战。大数据时代下，网络上的信息多、杂、分散，如果企业不能对碎片化的信息进行精细加工并提取出重要内容，就会迷失在嘈杂的声音中，无所适从。而且网络世界真假难辨，正在抱怨的不一定真的是你的消费者，说不定是竞争对手放出的烟雾弹呢；赞赏你的也不一定有过良好的品牌体验，说不定是竞争对手用来迷惑你的呢。这就要求企业对大数据进行整合与分析，找到问题的症结所在，对症下药，做出精准的响应。

精准≠浅显

当然，精准应对并不意味着企业应该把所有决策都交给技术。在应用大数据分析和人工智能等技术的过程中，企业不应仅停留在表面现象，而忽视深层的人性特点，尤其是在面对品牌危机时，洞悉消费者内心的真实想法显得尤为重要。你是否有过类似的经历：当你与品牌接触时遇到了一些问题，这时你拿起电话或通过网络联系品牌客服，然而跟你沟通的并不是真人，而是人工智能客服。对方根据预先设定好的程序跟你对话，但就是无法回答你的问题。此时，你大概会有点气愤又急不可耐地喊出这句话：我要人工客服！

上述这个例子只是大数据时代成千上万类似事件的一个缩影。技术可以协助企业做好很多事：精准营销、个性化推荐、标准化客服，等等。然而，在目前的条件下，技术在危机处理中更适合扮演的应该是辅助者角色，为企业管理者高效率地提供更有价值的信息，协助企业进行决策的制定和执行。过于依赖数据给出的答案，只会让危机中的企业显得有些肤浅且缺乏诚意。

态度诚恳

其实，当品牌出现危机的时候，企业应该都是想要好好解决问题的，毕竟没有哪个品牌想要越做越差。但无法避免的是，对于有些问题，企业确实很难进行有效的应对，消费者的某些诉求也可能确实难以满足。但企业需要明白一个道理：做没做好是一回事，有没有努力去做是另一回事。正如沃尔玛提出的服务理念：第一条，顾客永远是对的；第二条，如果顾客错了，请参照第一条。以客户为中心的经营之道，首先就要求企业展现出诚恳的态度，尤其是当企业身处危机之中、陷于困境之时更应如此。很多时候，企业诚恳的态度都能令愤怒的消费者平静下来，而敷衍的态度则很可能使平静的消费者火冒三丈。

诚恳≠虚伪

诚恳的态度永远可以打动消费者，但你可能会有不同意见，因为有的消费者会说："企业一出问题就道歉，声明发得这么快，就是不解决问题，有什么用？我们对道歉已经审美疲劳了！"没错，我们已经看到过不少消费者对企业的虚情假意进行抱怨:“态度特别好，就是不解决问题，有什么用!”当消费者面对虚伪的“诚意”，他们甚至宁愿企业什么反应都没有。

我们在第五章中曾提到，企业致歉是否诚恳，通常可以从以下三个方面进行判断:言辞是否可信、形象是否可靠、行动是否可见。显然，那种虚伪的表面功夫不仅难以服人，更不能解决问题。所以，企业要做的始终是从语言、形象、行动方面尽可能地公开信息，避免消费者因信息不对称而对品牌产生误解;尝试积极地与消费者进行沟通，以便不断更新对消费者诉求的了解。这些都为企业采取快速、精准的危机应对策略奠定了扎实的基础。馥蕾诗针对“双十一”危机采取的补救措施虽然也遭遇到了一些消费者的质疑，但从消费者的评价来看，他们还是比较认可品牌处理问题的态度，也正是因为馥蕾诗诚恳的态度，才使得这场危机没有愈演愈烈。

新媒体利用重融合

伴随着互联网技术和应用的蓬勃发展，以社交媒体为代表的互联网新媒体已经成为人们日常生活中不可或缺的组成部分，在提供和传播信息方面发挥着日渐重要的作用。“我现在主要的信息获取来源是微信朋友圈”“看微博了吗?那上面说……”“我今天看直播学到个新知识”……这些话或许能引起不少人的共鸣，可见新媒体对人们的影响之大。不仅如此，新媒体还能依托互联网平台和数字化技术生产、存储海量信息，一边“制造”大数据，一边“利用”大数据。因此，在大数据时代，尤其是在面对危机的紧急关头，忽视新媒体会给企业带来惨痛的教训。只有充分利用新媒体进行危机管理和应对，陷入困境中的企业才有可能化被动为主动，以更小的时间成本和代价走出泥潭。

你或许会问，是不是只要利用好新媒体就足够了？我们确实看到了一些企业完全依托新媒体的平台，并一步步从无到有、发展壮大。也有观点认为传统媒体将在新媒体的蓬勃发展中江河日下、逐渐消亡，最终完全被新媒体替代。但是这一观点似乎有些极端和片面，新媒体虽然有着传统媒体无法比拟的优势，但传统媒体在短期内依旧存在并有其受众，还在继续发挥着价值。因此，充分利用新媒体，并不意味着要将新媒体作为唯一选择，大数据时代的企业应当综合考量、统筹使用各类新媒体和传统媒体，在面临品牌危机时尤为如此。企业只有灵活地使用多种媒体，才能尽可能地降低危机产生的负面影响。

意见领袖真实不虚

大数据时代，当人们被海量的信息包围，难辨真假之时，就会更重视口碑，因此，意见领袖的作用就更加重要了。品牌除了要在宣传推广时借助意见领袖的力量，在应对品牌危机时同样要充分发挥意见领袖的作用。互联网时代，出现了一大批“李佳琦式”的“名人”意见领袖，他们对消费者的态度和决策产生着重要的影响；同时还产生了大量“素人”意见领袖，他们作为各个领域具有影响力的个体，活跃在互联网上，同样影响着较大数量的人群。危机发生后，如果能够让这些意见领袖对品牌的态度变得积极，那么受他们影响的大量消费者也更有可能重新认同品牌。事实上，这也能够体现出企业面对品牌危机时所做决策的精准性，企业依靠大数据，分析并找出意见领袖，然后针对他们采取具有针对性的危机应对方案，就可达到事半功倍的效果。

当然，不容忽视的是，伴随着互联网和新媒体的发展，MCN（Multi-Channel Network，多频道网络）的力量正在不断壮大。所谓MCN，就是一种连接内容生产者与广告主、平台方的中介机构，它们帮助互联网上的博主进行定位、包装、营销、推广、流量变现等，在“制造”意见领袖方面发挥着越来越大的作用，是大量“网红”背后的推手。在这种商业化的市场运作下，互联网平台上的意见领袖中，虽然有很多是真实存在的“人”，但也有不少“虚拟人”，他们只是MCN机构运营出来的“账号”。如果消费者发现自己一直深信不疑的意见领袖并非真人，而是商业运作的产物，会做何感想呢？“我被骗了！”“我再也不会相信他了！”这些大概是他们最自然的想法了。因此，企业如果借助这些“虚拟”意见领袖的力量应对品牌危机，很有可能适得其反。显然，意见领袖的真实性在技术手段还未能完全达到以假乱真的时候，也许真人比虚拟人物更有“实感”，当然，需要注意的是“真人要有真本领”，否则，意见领袖的业务不熟练，只会适得其反。

馥蕾诗对“双十一”品牌危机的应对为大数据时代企业应对品牌危机提供了一个范本：响应速度快，从危机初现到品牌做出有效响应，仅不到 10 天的时间；解决方案精准化，针对消费者质疑，品牌选择在李佳琦直播间进行回应并提供解决方案，直接锁定与这次品牌危机关联最密切的人群；以积极的态度与消费者进行沟通，对消费者关心和质疑的问题进行了比较充分的解释；提供了比较充分的信息；借助了新媒体的力量，充分发挥李佳琦和其他在互联网上行为活跃的意见领袖的作用，产生辐射效应，影响更多消费者。对于馥蕾诗 2021 年“双十一”的“翻车”事件，尽管互联网上负面的声音仍未完全消除，品牌的消极印象也还存在于部分消费者心中，但不能否认的是，这种消极印象已变得微乎其微。

最后，再让我们看看“双十一”期间与馥蕾诗同样“翻车”的欧莱雅在面对品牌危机时的做法。在危机发生后，欧莱雅始终没有发声，直至 11 月 17 日下午，欧莱雅客服才在解释安瓶面膜差价问题时称：“李佳琦说是低价就是低价的吗？李佳琦也是个打工人而已。根本不能退差价。”紧接着，相关话题就登上新浪微博热搜榜，引发大量讨论。当天晚上，李佳琦与薇娅分别发表声明，表示在妥善解决此事前，暂停与欧莱雅官方旗舰店的一切合作，该话题同样也登上了新浪微博热搜榜。11 月 18 日凌晨，欧莱雅品牌就安瓶面膜事件发表道歉声明，将事件归因于“双十一”促销机制过于烦琐，并表示将提出妥善的解决方案。相关话题再一次登上新浪微博热搜榜。对此，消费者也是意见相左。一派认为，品牌方不应向头部主播低头，只要把优惠给到消费者就好；另一派则表示并不买账，认为品牌方依旧没有补差价，发放优惠券是打算继续“薅消费者羊毛”。当天中午，中国消费者协会点名欧莱雅、薇诺娜等品牌存在虚假发货的问题，人民日报评论官方微博针对欧莱雅安瓶面膜事件表示，“套路消费者不能道歉了之”。[①] 馥蕾诗和欧莱雅于同一时间段应对相似的危机的做法，你认为谁做得更好呢？

---

① 人民日报评论．人民微见：套路消费者不能道歉了之．新浪微博．[EB/OL].（2021-11-18）. https://m.weibo.cn/status/4704923658488077.

大数据时代下企业的绝地反击

在第五章，我们提出了一套基于消费者导向的危机“绝地反击”策略，并将其依据向内修正和向外宣告、完善自我和寻求外援两个维度进行了划分。在大数据时代，面对品牌危机，这套策略仍然可以作为企业行为决策的重要参考，只不过以其为核心，企业还应充分考虑大数据时代的主要特征，以及互联网与传统媒体之间的重大差异。

在上述前提下，我们对“绝地反击”策略进行了扩充，形成了针对大数据时代品牌危机的“绝地反击”圈层模型，详见图 9-1。

在这一模型中，处于核心位置的是基于消费者导向的“绝地反击”策略，这也可以作为企业应对品牌危机的指导思想。向外扩展，紧邻核心的是战略决策圈层，在大数据时代应对品牌危机，企业需要尽快做出四大战略决策，并依事态发展而适时调整，即是否对危机进行响应、何时对危机进行响应、通过何种渠道对危机进行响应、如何对危机进行响应。

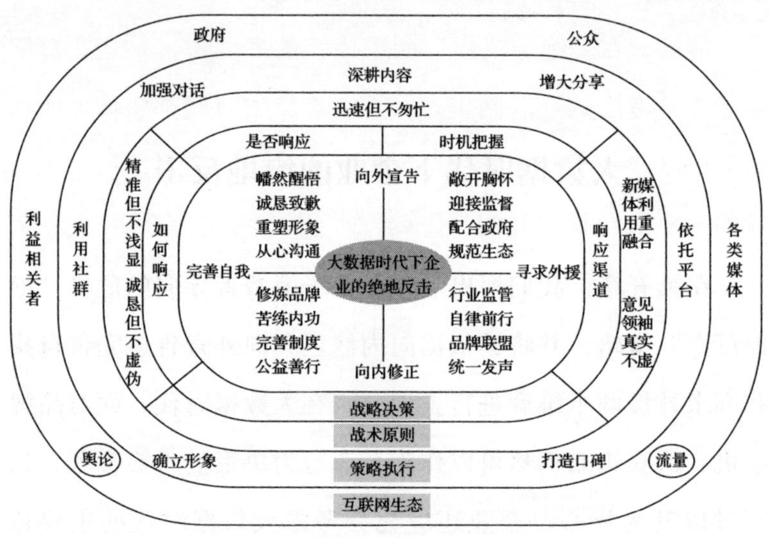

图 9-1　大数据时代下企业的绝地反击

继续向外扩展，如果企业决定对危机进行响应，就来到了战术原则圈层。大数据时代对企业应对危机的能力和应对措施都提出了更高的要求，迅速但不匆忙、精准但不浅显、诚恳但不虚伪、充分利用新媒体和意见领袖应当成为企业遵循的四大原则。

在基本战术原则的外圈，是策略执行圈层。与以往的危机相比，大数据时代下的危机存在很多不同之处，这些差异不仅会使企业面临更多的挑战，也为企业应对危机提供了更多选择和可能性。通过执行加强对话、深耕内容、增大分享、利用社群、依托平台、打造口碑、确立形象等策略，企业可以充分利用大数据时代馈赠的机遇。

最后，在“绝地反击”圈层模型的最外层，是企业应该给予充分考虑的互联网生态。企业在任何时候都应依据所处的环境制定和调整相关决策。大数据时代，品牌危机发生发展的主要平台是互联网，因此，对于政府、公众、利益相关者、各类媒体等环境要素，企业应充分考虑其在互联网生态中存在的形式和具体表现。各类环境要素互相作用，借助互联网平台，在大数据时代形成了两股前所未有的巨大力量：舆论和流量。它们可以令企业“生”，也能让企业“死”，如何对这两股力量做出高效的应对，甚至是主动的引导和利用，或许将成为大数据时代下所有企业都需要持续思考的问题。

本章小结

大数据时代下品牌危机传播的特点	▸信息海量 ▸传播速度极快	特点
	↓	
	▸碎片化信息 ▸互联网记忆难消除	最终结果
大数据时代下品牌危机中企业的抉择	▸是否要做出响应 ▸什么时间响应 ▸如何响应 ▸通过什么渠道响应	
利用互联网大数据预防危机	▸监控日常网络舆情并对媒体信息进行深度分析 ▸与消费者保持实时和充分的沟通 ▸对危机事件进行预判	
利用互联网大数据应对危机	▸迅速响应→迅速≠匆忙 ▸精准应对→精准≠浅显 ▸态度诚恳→诚恳≠虚伪 ▸新媒体利用重融合 ▸意见领袖真实不虚	
大数据时代下企业的绝地反击	▸战略决策 ▸战术原则 ▸策略执行 ▸互联网生态	

图 9-2　本章内容逻辑示意图

品牌的自救指南

1. 与时俱进，充分了解互联网和大数据。
2. 设立专门的部门或安排专人履行大数据管理职能。
3. 利用网络舆情监控数据，建立和完善危机预警机制。
4. 借助多媒体平台，与消费者和员工保持积极、充分的沟通。
5. 时刻准备好应对随时可能发生的品牌危机！
6. 危机发生后，不慌不乱、迅速决策、沉稳应对、换位思考、精准解决。

后记

经过近三个月的笔耕不辍，我们终于可以将这本通俗读物献给所有支持和鼓励我们的广大朋友们了。

回想这段令人难忘的写作体验，我们似乎总能感受到学者所肩负的责任和使命。由于它与我们曾经编著和撰写的各种学术著作与论文有很大的不同，我们时常感到自己的思绪会随着写作被带入各种品牌危机的事件中，仿佛重新感受到了当事人所遭遇的种种不幸经历。在为当事人所受到的伤害感到悲愤的同时，我们又在竭力审视与思考危机品牌的出路。全书各章内容的编排犹如一部展现品牌危机“跌宕起伏和绝地重生”的生动剧本，时常令我们处于一种创作的亢奋中难以自拔。每当这个时候，我们都会不断地提醒自己，必须理性、客观地分析，要始终保持“价值中立”的立场，以旁观者的身份去洞察被品牌危机牵扯的“各方力量”，如消费者、品牌、媒体、行业协会与政府。只有这样，我们才有可能为读者提供一种认识品牌危机、摆脱危机困扰和避免危机重现的新思路、新方法和新策略。

就在我们完成此书写作后，仍有一些与企业相关的“危机事件”正在上演着，很多人如追剧一般，每日乐此不疲地跟进剧情。公众一定在期盼能有某个权威机构尽快“一锤定音”，以消除心中的疑惑与不安；涉事企业估计也正在集结最有智慧的“团队和大脑”，寻找摆脱危机的良方。我们相信，书中所提出的基于消费者导向的“绝地反击”策略，能为当下正在发生的危机事件，提供一种有效的思考与启示。

显然，在大数据时代，品牌正在经历一场更加严峻的考验。涉事品牌必须对消费者负责，及时对危机做出反应，妥善解决危机所带来的问题与影响。随着社会的进步，相信品牌也会更加清醒地意识到企业所肩负的重大社会责任，持续努力与消费者共创价值，共赢美好。

然而，创建一个健康、稳定、和谐的商业生态，需要社会各方协同配合，共同努力，最终“千帆过尽终不悔，万舸争流我自强”。

为此，作为社会公民，希望我们都能：

努力活成一束光，
去照亮前行的方向。
给予自己温暖，

也带给他人希望！

相信光的力量，

让所爱的世界更加精彩，

让所爱的人们不再迷茫。

努力活成一束光，

让品牌涅槃重生。

践行品牌使命，

去营造价值共享！

相信光的力量，

让所爱的世界更加精彩，

让所爱的人们不再迷茫。

正如《爱的奉献》中的歌词所写，“只要人人都献出一点爱，世界将变成美好的人间”，让我们一起携手，心持正念，积极行动，共赴未来！

2021 年 12 月 12 日